Richard Deiß

Von Kassel bis Kusel

100 Städte in Hessen, Rheinland-Pfalz und im Saarland, die man kennen sollte

E-Mail-Adresse des Autors:
richard.deiss@gmail.com

Anregungen und Verbesserungsvorschläge sind willkommen und werden in der nächsten Ausgabe berücksichtigt.

Herstellung und Verlag: BoD – Books on Demand, Norderstedt
Sechste Auflage 2022, Originalausgabe

©Richard Deiss, Berlin 2022

Printed in Germany

ISBN   978-3-7543-006-64

Der Inhalt des Buches entspricht der Privatmeinung des Autors.

Bibliografische Information der Deutschen Nationalbibliothek
Die Deutsche Nationalbibliothek verzeichnet diese Publikation in der Deutschen Nationalbibliografie; detaillierte bibliografische Daten sind im Internet über http://dnb.d-nb.de abrufbar

Inhalt

Vorwort

Schon seit vielen Jahren hatte ich das Ziel, 1000 Städte in Deutschland zu besuchen. Im Jahr 2015 hatte ich es endlich geschafft. Mit dem Lockdown im März 2020 kam ich endlich dazu, ein Buch über die besuchten Städte zu schreiben. In dem kompakten Taschenbuch wollte ich die 250 interessantesten der besuchten Städte darstellen. Für manche schöne Kleinstadt fehlte jedoch der Platz. Schließlich beschloss ich, einen eigenen Band zu Westdeutschland aufzulegen. Das umfasste Nordrhein-Westfalen (NRW), Hessen, Rheinland-Pfalz und das Saarland und 222 Städte.

Als ich weitere Städte besuchte, beschloss ich, das Buch in zwei Bände aufzuspalten, einen zu NRW und einen zu den drei übrigen Bundesländern, jeweils mit 100 Städten. Während NRW eine Einheit ist, passen auch passen diese drei Bundesländer geographisch gut zusammen, der Rhein-Main-Raum verbindet ja schon zwei von ihnen.

Hessen hat drei Regierungsbezirke, in Rheinland-Pfalz gab es früher ebenfalls drei. Das Saarland selbst hat nur die Größe eines kleinen Bezirkes und insgesamt nur 17 Städte. Für jede Region (außer für den relativ kleinen ehemaligen Bezirk Trier und für das Saarland) werden die Top 10 Städte, welche mich bei meinen Reisen am meisten beeindruckten, aufgelistet, gefolgt von kurzen Texten zu etwa 5-10 weiteren Städten. So ergibt sich eine Liste der Top 100 Städte der drei Bundesländer (ausgewählt aus den über 200 hier bereits besuchten Städten). Zusätzlich sind insgesamt etwa 25 wichtigere Städte beschrieben, die nicht zu den Top-Städten gehören (z.B. Ludwigshafen und Primasens). Nach dem Besuch weiterer Städte der Region werde ich das Buch künftig entsprechend aktualisieren und erweitern.

Wuppertal, im Februar 2022
Richard Deiß

Seit der letzten Auflage neu besuchte Städte

Im Winter 2021/22 besuchte ich in Hessen erstmals die 6 Städte Hungen, Nidda, Schotten, Babenhausen, Groß-Umstadt und Dieburg, in Rheinland-Pfalz erstmals die 12 Städte Frankenthal, Höhr-Grenzhausen, Kusel, Landstuhl, Ramstein, Lambrecht, Nierstein, Oppenheim, Osthofen, Ransbach-Baumbach, Rockenhausen und Wirges.
Die Städte Schotten, Groß-Umstadt in Hessen und Oppenheim und Kusel in Rheinland-Pfalz nehme ich in dieser Neuauflage in die Top-100 auf.

	Aufsteiger in die Top 100
Schotten	• Vielfältige Fachwerkarchitektur
Groß-Umstadt	• Mehrere Stadtschlösser • Ansehnliche Fachwerkhäuser
Oppenheim	• Gotische Katharinenkirche • Historischer Marktplatz • Große, topographisch bewegte Altstadt
Kusel	• Architektonisch geschlossene Altstadt • Interessante Topografie

Die erstmals besuchten Städte Babenhausen, Dieburg Hungen und Nidda in Hessen, sowie Landstuhl und Rockenhausen in Rheinland-Pfalz waren zudem interessant genug, in der Neuauflage kurz beschrieben zu werden.
Um Platz für diese neuen Orte zu machen, habe ich in dieser Ausgabe Dillenburg, Gersfeld, Prüm und Völklingen aus der Liste der Top-100-Städte gestrichen.

1. Hessen

In Hessen habe ich bereits mehr als die Hälfte aller Städte (102 von 191) besucht. Hessen liegt zentral in Deutschland und hier komme ich oft mit dem Zug durch. Außer Wiesbaden sind die größeren hessischen Städte im Krieg stark zerstört worden. Frankfurt hat sich dennoch zu einer auch architektonisch interessanten Metropole aufge-schwungen. Hessen hat eine Vielzahl kleiner, gut erhaltener Fachwerkstädte vorzuweisen. Im dünn besiedelten Nord- und Mittelhessen sind diese etwas ruhiger, verschlafener und authentischer als im dynamischeren, wachsenden Süden, der teilweise industriell überformt und auch durch Verkehrsinfrastruktur geprägt ist.
Während im Norden der Fachwerkanteil höher ist, kommen im Süden viele Sandsteinfassaden hinzu, teilweise sind es auch Putzfassaden mit gerahmten sandsteinsichtigen Fenster- und Türbereichen.
Während im Süden große, von Gewerbestrukturen beglei-tete Flüsse wie Rhein und Main dominieren, sind in vielen Städten in der Mitte und im Norden eher beschauliche, kleine Flüsschen zu finden.
Nur der Rhein-Main-Raum ist recht flach, ansonsten ist Hessens durch eine sanfte Mittelgebirgslandschaft geprägt.
Eine Topografie mit zahlreichen Hügeln und weiten Ausblicken kommt Städten wie Wiesbaden, Kassel, Marburg oder Fulda zugute.

R-Bezirk	Städte	Besucht (%)	Top 100	Weitere Orte
Darmstadt	96	62 (65%)	25	6
Gießen	42	22 (52%)	15	3
Kassel	52	25 (48%)	18	2
Hessen	190	109 (57%)	58	11

1.1 Regierungsbezirk Darmstadt

Im Regierungsbezirk Darmstadt gibt es 96 Städte. 57 von ihnen habe ich bereits besucht.

Die Stadt in Südhessen, welche ich am häufigsten besucht habe, ist eindeutig Frankfurt, wo ich mindestens schon fünfzigmal war. Außerdem habe ich Bekannte dort und eine kleine Wohnung. Mehr als ein Dutzend Mal war ich schon in Oberursel (weil meine Schwester dort wohnt) und Wiesbaden. In Darmstadt und Offenbach war ich etwa ein halbes Dutzendmal. Mindestens dreimal war ich bisher in Bad Homburg, Rüsselsheim, Hanau und Rüdesheim. In den anderen besuchten südhessischen Städten war ich erst ein- oder zweimal.

Am liebsten bin ich in Frankfurt, einer dynamischen Metropole mit tollem Kopfbahnhof, wo es immer etwas Neues zu sehen gibt. Wiesbaden ist ein bisschen gediegener, aber der Fußweg durch den Park am Hauptbahnhof zu den Kultursehenswürdigkeiten ist angenehm. Darmstadt hat einen interessanten Bahnhof, doch auf dem Weg von diesem zur Innenstadt ist der Eindruck erstmal nicht so toll. Die guten Ecken muss man sich hier erarbeiten. In Offenbach muss man wissen, wo man hinwill, um nicht enttäuscht zu werden. Ähnlich ist es in Hanau, einer Stadt, die mittlerweile die Schwelle von 100 000 Einwohnern überschritten hat. Unter den kleineren Städten gefallen mir am besten Michelstadt im Odenwald, Büdingen und Idstein im Taunus.

<u>Die zehn Städte, welche mich am meisten beeindruckten</u>

❖ Frankfurt

An der dynamischen Wirtschaftsmetropole Frankfurt imponiert schon die Ankunft im Hauptbahnhof, einem quirligen riesigen Kopfbahnhof, wo sich das Licht durch die Bahnsteighallen bricht, wo die ICEs aufgereiht dastehen und wo Lautsprecheransagen für alle möglichen Destinationen einem um den Kopf schwirren. Tritt man aus dem Bahnhof heraus, sieht man gleich Bankentürme. Lange war Frankfurt einzige Hochhausstadt Deutschlands, deshalb auch *Mainhattan* genannt, und noch heute hat es die meisten Wolkenkratzer im ganzen Land. Geht man weiter Richtung Stadtzentrum, kommt man erst durch das teilweise noch von Gründerzeitarchitektur geprägte Bahnhofsviertel, dann an einen Innenstadtring, an dem moderne Hochhäuser dominieren. Schließlich trifft man in der Innenstadt auf Wiederaufbauarchitektur und Geschäftshäuser aus den 70er und 80er Jahren. Steuert man den Römer an, sieht man fast original wirkende, rekonstruierte

Wiederaufgebaute Ostzeile in Frankfurt

Fachwerkhäuser, die sogenannte Ostzeile. Dahinter die neue Altstadt, die erst vor ein paar Jahren entstanden ist. Ein paar Schritte weiter ist man am Main und kann vom Eisernen Steg die ganze von Wolkenkratzern geprägte Skyline auf sich wirken lassen. Eine solche Dichte an Bildern verschiedener Stilepochen bieten nur wenige andere Großstädte. Frankfurt eine dynamische Stadt, die sich laufend weiter verändert, vor allem, was die Innenstadt betrifft.

❖ Wiesbaden

Die hessische Landeshauptstadt Wiesbaden ist eine angenehme große Kurstadt mit guten Kunstmuseen. Viele finden sie zwar eher fad und langweilig, ich muss jedoch die historistische Architektur des Hauptbahnhofes loben, von dem man durch einen Stadtpark zum sehenswerten Museum Wiesbaden kommt. Von dort ist es nicht weit zum Hessischen Staatstheater, welches zu den beeindruckendsten Opernhäusern Deutschlands zählt. Eine Bergbahn gibt es in der Stadt auch, zu einem Aussichtspunkt mit einer russisch-orthodoxen Kirche. Wiesbaden hat mit dem Caligari auch ein *Juwel unter den Lichtspielhäusern*, wie es der aus Wiesbaden stammenden Regisseur Volker Schlöndorff (*1939) einmal formulierte. 2018 war ich hier mit einem Kollegen im Rahmen eines Dokumentarfilmfestivals. Als der Kollege wieder in dem Kino war, sah er Schlöndorff, der heute wieder in Wiesbaden wohnt, und hätte ihn fast angesprochen. Der ehemalige Bundestrainer Helmut Schön (1915-1996) sagte mal über Wiesbaden: *das ist meine Fünfsterne-Stadt: Wasser, Wiesen, Wälder, Wein und Wohlbehagen.* Der in Mainz geborene Zeit-Kolumnist Harald Martenstein sah Wiesbaden jedoch als *in der ehrlichen Arbeiterstadt Mainz zutiefst verhassten schnöseligen nichtsnutzigen Beamtenstadt.* Andererseits gibt es ja auch den Spruch, *Früh aufstehen ist wie Wiesbaden, nicht*

Mainz. Und emsige Erbsenzählerei betreiben sie ja auch im *Buddhistischen Standesamt,* wie das Statistische Bundesamt in Wiesbaden scherzhaft genannt wird.

❖ Idstein

In Idstein gibt es ein Gebäude-Ensemble, dessen visuelle Reize einen fast umhauen. Dieses besteht aus einem in oranger Farbe gestrichenen Rathaus, ein danebenstehendes Fachwerkhaus mit schwarzen Balken, blauer Fassade und gelben Fenstern, dem Burgeingang und dem Hexenturm. Eine Stelle, wo man unwillkürlich Kamera oder Smartphone zückt.

❖ Darmstadt

Die Darmstädter Innenstadt wurde im Krieg sehr stark zerstört. Wenn man vom sehenswerten Hauptbahnhof in die Innenstadt läuft, muss man viele erstaunlich atmosphärelose Straßenzüge durchqueren. Viele Stellen wirken wie `Kein Ort, nirgends´. In der Innenstadt gibt es jedoch einzelne Highlights wie das Schloss, ein kürzlich herrlich renoviertes Landesmuseum, sowie das Jugendstilensemble der Mathildenhöhe. Ein interessantes Wohngebäude im Norden der Stadt ist zudem die 1998-2000 erbaute Waldspirale von Friedensreich Hundertwasser.

❖ Heppenheim

Der Rennfahrer Sebastian Vettel wurde 1987 in Heppenheim geboren. Als ich die Stadt im Jahre 2016 besuche, sehe ich Aufkleber *Sebastian-Vettel-Stadt,* auch auf Ortsschildern, so stolz ist man hier auf den berühmten Sohn der Stadt. Ansonsten fällt mir bei meinem Besuch der spektakuläre Fachwerk-Marktplatz auf. Besonders das Rathaus sticht heraus. Auf einen Sandstein- und Putzsockel, folgt ein Fachwerkgeschoss mit roten Balken und filigranen

Sprossenfenstern. Darüber ein schiefergedecktes Dachgeschoss mit Uhrtürmchen, Seitenerkern und zusätzlichem kleinen Türmchen. Das alles muss man optisch erst mal in Ruhe verdauen. Seitlich hinter dem Marktplatz sieht man einen steilen Hügel mit der Starkenburg. An visuellen Reizen ist das für Kleinstadtverhältnisse kaum zu toppen.

❖ Büdingen

In Büdingen gibt es, wie in vielen hessischen Kleinstädten, viel Fachwerk zu sehen. In Erinnerung blieb mir jedoch eher der warme Ton von Sandsteinfassaden. Besonders beeindruckend ist die Stadtbefestigung mit ihren dicken, runden Türmen. Als ich das im Internet poste, kommt eine Wow-Reaktion. Zurecht wird Büdingen auch als *hessisches Rothenburg* bezeichnet.

❖ Bad Homburg

Bad Homburg ist eine wohlhabende Kurstadt im Taunus, die schöne Parks und mehrere beeindruckende Einzelgebäude aufweist. Dazu gehört das Kaiser-Wilhelms-Bad, der Bahnhof und auch das Schloss mit dem pittoresken Weißen Turm. Wäre die Altstadt noch atmosphärischer, oder mittelalterlicher, könnte dies eine der Top-Städte Hessens sein.

❖ Michelstadt

Zu den ikonischen deutschen Stadtbildern, die hohe Medienpräsenz zeigen, gehört der Marktplatz von Michelstadt mit seinem auffälligen mehr-türmigem Fachwerkrathaus aus dem Jahre 1484. Einmal bin ich an Ostern hier und vor dem Rathaus stehen auch noch riesige Schoko-Osterhasen und die Idylle ist einfach perfekt. Das entsprechend gepostete Foto bekommt mehrere likes.

Michelstadt ist klein, es gibt jedoch noch weitere Sehenswürdigkeiten, wie die Burg Michelstadt. Man kann die
Altstadt und Burg von grünen Wallanlagen von außen
betrachten und dann über kleine Holzbrücken den Stadt-
graben überquerend an der Burg vorbei zum Marktplatz
laufen und freut sich dabei über das geschlossene und
ansprechende historische Stadtbild.

Rathaus von Michelstadt

❖ Gelnhausen

Als ich einmal die wunderschöne Grimmelshausenstadt Gelnhausen mit ihren vielen schönen Fachwerkhäusern, der vieltürmigen Marienkirche und der ehemaligen Kaiserpfalz besuchte, stellte ich fest, dass der Nachbarort eine Gemeinde mit dem Namen Linsengericht ist. Ich ließ mich mit dem Taxi hinfahren und fotografierte und postete das Ortsschild. Da erinnerte mich, dass meine in Hessen lebende Schwester wegen dieses Namens mal erwogen hat, dort zu heiraten und in einem Restaurant entsprechend zu essen. Die Hochzeit fand jedoch aus organisatorischen Gründen dann in Eltville am Rhein statt.

❖ Rüdesheim

Bei Rüdesheim denken viele zunächst an die enge schattige Kneipenmeile Drosselgasse, die wie ein angestaubter rheinischer Provinzballermann wirkt. Die Touristenrennstrecke ist aber sehr kurz und Rüdesheim hat weitere Sehenswürdigkeiten zu bieten. Dazu gehören interessante Fachwerkgebäude wie der Brömserhof, das per Seilbahn erreichbare Niederwalddenkmal mit Blick auf das Rheintal und die Sektkellerei Jung. Insgesamt kann man diesen leicht abgerockten Touristenort durchaus besuchen.

Weitere Städte in den Top 100

❖ Oberursel

Oberursel ist ein gehobener, in den Taunushängen gelegener Vorort Frankfurts, der mit S- und U-Bahn sehr gut an Frankfurt angebunden ist. Erkundigt man den Ort vom attraktiven Fachwerkbahnhofsgebäude ausgehend, durchquert man erst städtebaulich nichtssagende Gebiete, bis man doch an einen überraschend gut erhaltenen und attraktiven Fachwerkaltstadtkern mit Stadtkirche gelangt.

❖ Offenbach

Zwischen Frankfurt und Offenbach besteht eine alte Rivalität. Ein waschechter Frankfurter würde nie nach Offenbach ziehen. Das stark verschuldete Offenbach gilt in Frankfurt als zweitklassige, migrantisch geprägte Stadt, mit sozialen, ökonomischen und Sicherheitsproblemen. Von den Grundschülern haben hier über 90% Migrationshintergrund. Verkannt wird jedoch, dass die Lebensqualität hier gar nicht so schlecht ist. Durch die S-Bahn ist man sehr schnell in Frankfurt und im Offenbacher Hafen wurden neue, attraktive Wohngebäude angelegt, mit Blick auf die Frankfurter Skyline. Es gibt eine fast schon lauschige grüne Mainpromenade und mehrere interessante Museen, darunter das Deutsche Ledermuseum und das Klingspor-Museum, das sich der Gestaltung von Büchern widmet. Dennoch, Offenbach ist überhaupt keine Touristenstadt. Es gibt keine Souvenirläden und nur Kenner werden die Stadt besuchen, selbst Frankfurter kommen kaum je hierher.

❖ Eltville (Hattenheim)

In Eltville, einer hübschen Stadt im Rheingau mit einer Burg am Fluss und etlichen Fachwerkhäusern, heiratete meine Schwester im Jahre 2001. Im Frühjahr 2021 sah ich im Internet beeindruckende Bilder von bunt bemalten Fachwerkhäusern im Ortsteil Hattenheim und beschloss, nochmal hinzufahren. Ganz so beeindruckend war es dann doch nicht, denn die Fassaden waren in Wirklichkeit ein Tick weniger bunt und es waren nur wenige Häuser und in den engen Straßen störte der Autoverkehr ein wenig. Andererseits konnte man durch lauschige Gassen schnell zum Rheinufer kommen. Eltville und Rüdesheim sind wohl die Städte im Rheingau mit den meisten architektonischen Sehenswürdigkeiten.

❖ Kronberg im Taunus

Kronberg, wo viele gut bezahlte Banker leben, gehört zu Deutschlands reichsten Kommunen. Überdurchschnittlich ausgestattet ist die Stadt für ihre Größe auch mit kulturellen Assets. Kommt man am Bahnhof an, Endpunkt einer S-Bahnstrecke, stellt man neuerdings fest, dass hier ein riesiges Kulturzentrum im Bau ist, das Pablo Casals-Forum, benannt nach dem spanischen Cellisten. Im Jahr 2022 soll dieses Konzerthaus fertig gestellt sein. Kronberg war im 19. Jahrhundert zudem eine Malerstadt. Heute gibt es in der Stadt ein eigenes Museum für die Kronberger Maler-kolonie, welches im Jahr 2018 in die Villa Winter umge-zogen ist. Kronberg hat aber auch eine historische Altstadt und eine sehenswerte Burg als Stadtkrone zu bieten.

❖ Bad Orb

Bad Orb ist eine angenehme kleine Kurstadt im Osten Hessens. Bei einem Besuch im Jahre 2016 fällt mir ein schmales Fachwerkhaus mit grünen Balken auf. Es ist das kleinste Fachwerkhaus Hessens. Im Kurpark Bad Orb ein Gradierwerk und ein paar interessante Skulpturen.

❖ Erbach

Unweit der pittoresken Stadt Michelstadt liegt im Odenwald eine weitere besuchenswerte Stadt, die sogar fast noch zahlreichere Sehenswürdigkeiten zu bieten hat: Erbach. In Erbach gibt es ein kleines Schloss, einen mittelalterlichen Stadtkern und, anders als Michelstadt, sogar einen Fluss, an dem es Fachwerkpartien mit Laubengängen gibt.

❖ Steinau an der Straße

An einem kalten Wintertag, es ist schon dunkel, komme ich mit dem Zug in Steinau an und gehe den weiten Weg vom

Bahnhof in die Altstadt und muss auch bald schon wieder umkehren. So sehe ich recht wenig von dieser Märchenstadt, in welcher die Brüder Grimm einen Teil ihrer Jugend verbrachten und die, was Wandgemälde und Bronzeskulpturen betrifft, voller Märchenmotive ist.

❖ Seligenstadt

Seligenstadt gehört zu den sehenswertesten Kleinstädten Südhessens. Dazu trägt die beeindruckende riesige Benediktinerabtei bei. Als ich Bilder der Datei bei meinem Besuch im Internet poste löst dies Wow-reaktionen aus. In der gut erhaltenen historischen Altstadt etliche Fachwerkhäuser, unter denen allerdings nur das Einhardhaus aus dem Jahre 1596 herausragt.

❖ Bad Nauheim

Bad Nauheim empfängt den Bahnfahrer mit einem neoklassizistischen Bahnhofsgebäude aus dem Jahr 1913. Die Straße vom Bahnhof führt direkt zum Sprudelhof, eine Jugendstil-Kuranlage, welche 1905-11 erbaut wurde und als eine der geschlossensten Anlagen dieser Epoche gilt. Einmal fahre ich nach Bad Nauheim, um einen besonders schönen Buchladen, der sich unweit der Kuranlagen befindet, zu besuchen. Von 1959-60 lebte Elvis Presley, der in Friedberg stationiert war, in einem Haus in der Goethestraße. Heute gibt es in Bad Nauheim eine Fußgängerampel, die in Grünphasen Elvis Presley mit Gitarre zeigt.

❖ Hirschhorn

Ganz im Süden Hessens liegt schön am Neckar das winzige Fachwerkstädtchen Hirschhorn. Die Stadt ist vom Flusswasser durch eine alte Mauer geschützt, gelagert am steilen Neckarhang. Ganz oben eine alte Burg, dazwischen eine

Kirche gefolgt, auf drei Straßenebenen, von giebelständigen Fachwerkhäusern. Vom Fluss sehr pittoresk anzuschauen.

❖ Friedberg

Friedberg ist eine Mittelstadt in der Wetterau mit guten Bahnverbindungen nach Frankfurt. Die Altstadt hat zahlreiche Fachwerkhäuser ist aber nicht übermäßig pittoresk. Hauptsehenswürdigkeit der ehemaligen Reichsstadt ist vielmehr die Burg mit ihren verschiedenen Gebäuden, wie dem Schloss Friedberg, dem Adolfsturm oder dem Nordtor. In Friedberg gibt es ein Elvis Presley Denkmal vor den Ray Barracks, wo Presley 1958-60 stationiert war.

❖ Butzbach

In Butzbach bin ich mehrmals, um bei Hess Natur, welches hier seinen Stammsitz hat, Textilien zu kaufen. Ich lief dabei immer durch die sehenswerte Fachwerkaltstadt. Besonders der pittoreske Marktplatz mit seiner Giebelvielfalt fällt auf. In der Stadt gibt es zudem ein Schloss, welches jedoch nicht besonders sehenswert ist.

❖ Geisenheim

Mit dem *Rheingauer Dom*, einer neogotischen Kirche mit Doppeltürmen aus dem 19. Jahrhundert, ragt Geisenheim ein bisschen über den Durchschnitt der Rheingaukleinstädte hinaus. Hinter der Kirche fließt ein Bach in natürlichem Bett, von kleinen Steinbrücken überspannt. Am Kirchplatz eine Säule mit einem Gedicht von des amerikanischen Poeten Henry Wadsworth Longfellow (1807-1882) aus dem Jahre 1851, der von 1826 bis 1829 durch Europa reiset und dabei auch Deutschland besuchte:

What bells are those, that ring so slow,

So mellow, musical, and low?
They are the bells of Geisenheim,
That with their melancholy chime,
Ring out the curfew of the sun.

Durch eine Fachwerkstraße kommt man vom Kirchplatz zum Rathaus und zum Lindenplatz mit der Geisenheimer Linde, einer Winterlinde, welche 700 Jahre alt sein soll. Geisenheim nennt sich deshalb auch Lindenstadt.

❖ Dreieich (-Buchschlag)

Eine der größten deutschen Villenkolonien, inklusive großem Jugendstilensemble, findet sich überraschend in Buchschlag, Ortsteil von Dreieich, südlich von Frankfurt. Der Frankfurter Unternehmer Jacob Latscha (1849-1912) initiierte diese Siedlung im Wald an der Bahnstrecke Frankfurt-Darmstadt, um Arbeitern Wohnen in einer Gartenstadt zu ermöglichen. Die 1904-1913 erbauten Häuser, in Jugendstil, Landhausstil und neoklassizistischen Formen, gerieten jedoch großzügiger und zogen Bürgertum an. Geplant wurde die Siedlung von Friedrich Pützer (1871-1922) Begründer des Darmstädter Städtebaulehrstuhls, Architekt etlicher Häuser war Wilhelm Koban (1885-1961). Im Juni 2021 laufe ich durch die Villenkolonie am Bahnhof Buchschlag und sehe etliche sehenswerte Häuser.

❖ Groß-Umstadt

Überraschenderweise gibt es in der Altstadt von Groß-Umstadt gleich sechs ehemalige kleinere Schlösser und Adelshöfe. Eine solche Dichte ist ungewöhnlich für eine kleine Mittelstadt. Zudem gibt es noch ein Renaissance-Rathaus mit hübschen Giebeln, etliche stattliche Fachwerk-häuser und die architektonisch interessante Evangelische Stadtkirche. Einen attraktiven Bahnhof hat die Stadt leider nicht, doch erreicht man sie wegen des dichten Fahrplans und der geringen Entfernung zu Frankfurt ohne große Umstände.

Renaissance-Rathaus von Groß-Umstadt

Andere Städte

Hanau

Hanau hatte einst eine mittelalterlich geprägte Altstadt. Diese wurde im Zweiten Weltkrieg völlig zerstört. In der Innenstadt standen bei Kriegsende nur noch 7 Häuser. Der Wiederaufbau richtete sich nicht nach den alten Grundrissen, ein völlig neues Stadtbild entstand. In der Nachkriegszeit industrialisierte sich die Stadt zudem rasch. Wenn man vom wenig ansehnlichen Bahnhof in die Innenstadt geht, darf man deshalb keine architektonischen Wunder erwarten. Selbst das in den 1950er Jahren wieder aufgebaute Goldschmiedehaus beeindruckt nur mäßig. In den Stadtteilen finden sich jedoch weitere Sehenswürdigkeiten. In Steinheim gibt es ein Schloss und Fachwerkensembles. Im Westen Hanaus liegt das beeindruckende Schloss Philippsruhe. Als ich im dortigen Biergarten mit meiner Cousine mit Blick über den Main zu Mittag esse, meint sie, Hanau wäre doch überhaupt nicht hässlich.
Da die Stadt bald die 100 000 Marke erreicht, hat sie weitere städtebauliche Ambitionen und das Ziel die Innenstadt durch Teilrekonstruktionen zu verschönern.

Gernsheim

Nach Gernsheim am Rhein fuhr ich einmal allein wegen dem dort geborenen Peter Schöffer (1425-1503) und dem in der Innenstadt zu sehenden Schöfferdenkmal. Ich sammelte gerade Buchläden und Peter Schöffer gilt als der erste deutsche Buchhändler und Verleger, seit Johannes Gutenberg 1452 den Buchdruck erfunden hatte. Die Biermarke Schöfferhofer ist nach dem ehemaligen Haus Schöffers, dem Schöfferhof in Mainz benannt und zeigt auf dem Etikett ein Portrait Schöffers. Eine Flasche davon hatte ich mal Kollegen mitgebracht. Zum 500. Todestag Schöffers erhielt Gernsheim die Bezeichnung Schöfferstadt.

Langen

Langen ist eine unspektakuläre Mittelstadt, zwischen Frankfurt und Darmstadt gelegen. Ein Bekannter von mir wohnt dort und zeigt mir im April 2018 den Ort. Er weist auf die Überschaubarkeit und gute Wohnqualität und ein gewisses Zusammengehörigkeitsgefühl trotz internationaler Bevölkerung hin. Bekannteste Bewohnerin ist die ursprünglich aus Kroatien stammende Schlagersängerin Dunja Rajter. In der Altstadt die 1883 erbaute neugotische evangelische Stadtkirche, drum herum ein paar Fachwerkhäuser und das Alte Rathaus. Geht man ein paar Schritte an den Rand der Altstadt und tritt durch den Stumpfen Turm an der ehemaligen Stadtmauer, sieht man sich plötzlich einer kleinen Idylle ausgesetzt mit Wiesen, Bäumen und einem kleinen Bächlein. Selbst so eine unscheinbare Stadt wie Langen hat ihre idyllischen Ecken, denke ich.

Nidda

Die Stadt Nidda ist nicht durchgehend hübsch, hat aber in der Altstadt doch einzelne interessante, pittoreske Ecken. Zum Beispiel an der alten steinernen Niddabrücke, wo noch eine Mühle mit Mühlrad zu sehen ist, in der auf diese zuführenden Mühlstraße mit ihren Fachwerkhäusern, am Marktplatz mit dem Marktbrunnen oder im Park um den Turm der Johanniterkirche. Hätte ich die Stadt an einem Frühlingstag besucht, es hätte fast für die Top-100 gereicht.

Babenhausen

Babenhausen hat einen netten kleinen Marktplatz mit Stadtkirche und ein paar Fachwerkhäusern und das ist es dann auch schon, denkt man bei einem ersten Besuch der Stadt. So ging es mir im Dezember 2022. Doch dann entdeckt man noch mehr, zum Beispiel eine Stadtmauer, mehrere Stadtmauertürme, Fachwerk auch in Seitenstraßen, das Territorialmuseum und ein hübsches Schloss. Eine Stadt auf den zweiten Blick.

Stadtmauerturm in Babenhausen

Dieburg

Dieburg hat eine behagliche Innenstadt mit von Fachwerk-häusern gesäumter Fußgängerzone, einem großen Markt-platz, einem kleinen Schloss und mehreren Wasserläufen in der Stadt. Im Dezember 2021 bin ich hier und es ist leider schon dunkel und ich beschließe, die Stadt im Sommer nochmal zu besichtigen.

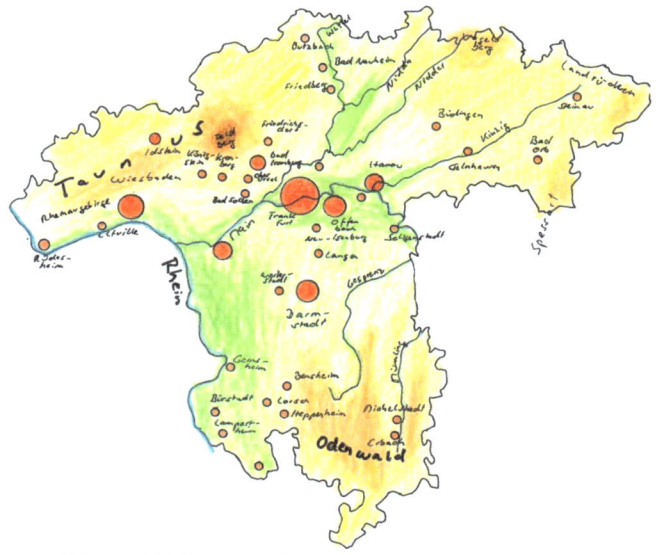

Handskizze RB Darmstadt

Besuchte Städte im RB Darmstadt: **62 von 96**

Top Städte: **Frankfurt, Idstein, Wiesbaden, Darmstadt, Heppenheim, Büdingen, Bad Homburg, Gelnhausen, Michelstadt, Rüdesheim,** Bad Orb, Bad Nauheim, Butzbach, Dreieich (-Sprendlingen), Eltville(-Hattenheim), Erbach, Geisenheim, Groß-Umstadt Hanau, Heppenheim, Kronberg, Oberursel, Offenbach, Steinau, Seligenstadt.

Andere Besuchte Orte:

Babenhausen, Bad König, Bad Soden (Taunus), Bad Soden-Salmünster, Bad Vilbel, Bensheim, Bischofsheim, Bürstadt, Dieburg, Eppstein, Eschborn, Friedberg, Friedrichsdorf, Gernsheim, Hirschhorn (Neckar), Hochheim, Hofheim am Taunus, Kelkheim, Kelsterbach, Kronberg im Taunus, Königstein im Taunus, Lampertheim, Langen, Lindenfels, Lorsch, Mülheim am Main, Neckarsteinach, Neu-Isenburg, Nidda, Oestrich-Winkel, Rüsselsheim, Riedstadt, Taunusstein, Usingen, Wächtersbach, Weiterstadt, Zwingenberg.

1.2 Regierungsbezirk Gießen

Im Regierungsbezirk Gießen habe ich bisher 19 Städte besucht, also fast die Hälfte der 42 Städte dieser Region. Der Bezirk ist reich an pittoresken Fachwerkstädten, teilweise in lieblicher Landschaft gelegen. Die Hauptstadt des Regierungsbezirkes, Gießen, hat überregional keinen besonders guten Ruf und ist keine Touristenstadt. Bei genauerer Erkundung hat die Stadt dennoch einiges zu bieten. Marburg gilt jedoch als die schönere und traditionsreichere Universitätsstadt. Besonders reizvolle Kleinstädte sind Alsfeld, Schlitz und Braunfels.

Am häufigsten besucht habe ich in dieser Region Gießen, etwa 10x war ich hier. Fünfmal oder öfters war ich bereits in Marburg, Bad Camberg und in Limburg. Wetzlar und Alsfeld habe ich bereits zweimal besucht.

Die zehn Städte, welche mich am meisten beeindruckten

❖ **Marburg**

Einst hatte ich eine litauische Kollegin, die besonders für Marburg schwärmte. Alle anderen mittelhessischen Städte waren für sie lediglich Stationen auf dem Weg nach Marburg. Mich hat Marburg jedoch noch nie so besonders umgehauen. Zugegebenerweise ist die Topografie der Stadt beeindruckend, wo sonst in Deutschland gibt es öffentliche Aufzüge als Verkehrsmittel. *In Marburg regnet es oder es geht bergauf,* sagt man, und dadurch, dass es eine Studentenstadt ist, ist die Stadt auch lebendig. Aber schöne Fachwerkstädte gibt es halt so viele in Hessen. Als ich Buchläden sammle, komme ich nochmal wegen dem 1969 gegründeten früheren Szene-Buchladen *Roter Stern.* Im Hinterzimmer wurden hier einst Protestplakate gedruckt. Mittlerweile ist er jedoch in der Mitte der Gesellschaft angekommen.

❖ Gießen

Justus von Liebig soll einmal gesagt haben, `Das Beste an Gießen ist sein Bahnhof´. Der Volksmund sagt wiederum, *Gießen liegt an der Bahn, nicht an der Lahn.*

Ich war schon öfters in Gießen, aber bis zur Lahn habe ich es nie geschafft, obwohl sie gar nicht so weit vom Bahnhof entfernt fließt und ich immer mit dem Zug ankam. Der gut erhaltene historische Bahnhof mit seiner Sandsteinfassade und dem auffälligen Uhrturm, da muss ich Justus von Liebig, der in Gießen gelehrt hat, Recht geben, ist bisher für mich immer das Beste an Gießen gewesen. Die im Krieg stark zerstörte und durch Wiederaufbauarchitektur geprägte Stadt kann nicht mit dem Charme anderer oberhessischer Fachwerkstädte mithalten. Einzelne Hightlights hat sie dennoch, so ein Jugendstiltheater, ein Altes und ein Neues Schloss und ein Zeughaus. Eine lokale Berühmtheit in Gießen ist zudem das Elefantenklo, eine 1960er Jahre Fußgängerüberführung mit großem Loch in der Mitte. Gießen gilt Kennern als die Hauptstadt der Spitzbunker, auch Winkeltürme oder Betonzigarren genannt. Acht Winkeltürme gibt es in Gießen, mehr als in jeder anderen deutschen Stadt.

Gießens beeindruckender historistischer Sandstein-Bahnhof

25

❖ Limburg

Limburg ist für mich deshalb etwas Besonderes, weil der Dom der Stadt einst den alten DM-Tausendmarkschein zierte. Das war damals so viel Geld, dass man fast vor Ehrfurcht erstarrte, wenn man diesen Schein sah. Deshalb assoziierte man auch den Dom mit Wertigkeit. Später kam der Dombereich durch die luxuriösen Ausbaumaßnahmen im Diözesanzentrum, von Bischof Franz-Peter Tebartz-van Elst veranlasst, in die Schlagzeilen. Limburg hat zudem eine pittoreske bunte Fachwerkaltstadt und eine alte steinerne Brücke über die Lahn. Als ich mit rumänischen Bekannten durch die Stadt laufe, sind sie von Limburg sehr angetan. Es gibt jedoch keine schönen Bahnhöfe in der Stadt. Der Hauptbahnhof ist ein nichtssagender Nachkriegs-klotz und der ICE-Bahnhof Limburg Süd gehört zu den unwirtlichsten Schnellfahrstreckenbahnhöfen Deutschlands.

❖ Wetzlar

Wetzlar gilt als Stadt mit besonders gut erhaltener histo-rischer Altstadt. Dennoch bin ich mit Wetzlar bisher nicht so richtig warm geworden. Erstens hat es keinen so richtig beeindruckenden Bahnhof. Geht man dann in die Innenstadt merkt man, dass Wetzlar auch eine Industriestadt ist und mit Gewerbe ziemlich verbaut. In der Innenstadt auch manche Bausünde. Trotz beeindruckendem Dom, schönen Fachwerkhäusern und einem schönen Blick von der steinernen Lahnbrücke, stellte sich bei meinem Besuch nicht die Altstadtbegeisterung ein, die ich erwartet hatte.

❖ Alsfeld

Alsfeld ist sehr klein. Der Marktplatz der Stadt ist jedoch unglaublich pittoresk. Hier ergeben Kirche, zwei-türmiges Fachwerk-Rathaus und ein historisches Weinhaus dicht zusammenstehend ein visuell ansprechendes Ensemble. Ich komme hierher, um einen schönen Buchladen zu besuchen, der in einem Fachwerkhaus eingerichtet wurde. Auch außerhalb des Marktplatzes eine große Anzahl sehenswerter Fachwerkhäuser.

❖ Lauterbach

Lauterbach ist eine überraschend sehenswerte hessische Kleinstadt, wie ich bei einem Besuch im Sommer 2018 feststellen kann. Es gibt schöne Fachwerkhäuser, eine sehenswerte Stadtkirche und sogar ein Schloss, das alles auf engstem Raum. Geht man durch enge Gassen und pittoreske Partien um den Ankerturm zum Fluss runter, kann man auf Schrittsteinen über die Lauter gehen. Bei den Schrittsteinen ein Denkmal für den Lauterbacher Strolch mit dem Text der Sage vom verlorenen Strumpf: *In Lauterbach habe ich mein Strumpf verloren und ohne Strumpf gehe ich nicht heim, so geh ich gleich wieder nach Lauterbach hin und bind den Strumpf an mein Bein.*

❖ Braunfels

Braunfels ist eine sehr kleine Stadt, die jedoch optisch durch das auf einem Hügel über der Stadt gelegene Schloss Braunfels mit seinen vielen dramatisch aufragenden Türmen beeindruckt. Auch die als vorburgartige Erweiterung angelegte Fachwerkaltstadt ist pittoresk. Markante, der Burgmauer vorgelagerte Fachwerkhäuser, wie der Solmser Hof, machen den Blick von der Altstadt zum Schloss noch beeindruckender. Leider ist Braunfels nicht per Bahn erreichbar und ich komme von Solms mit dem Taxi her und kann nicht lange bleiben, weil ich mit demselben Taxi auch zurückfahre.

❖ Schlitz

In englischsprachigen Reiseführern wie Lonely Planet und Rough Guide wurde Schlitz immer als so sehenswert gelobt, dass ich beschloss, diese nicht ans Bahnnetz angebundene Stadt auch einmal zu besuchen, und zwar von Fulda aus per Bus. Schlitz hat eine perfekt erhaltene, auf einem Hügel gelegene verwinkelte Fachwerkaltstadt mit markantem hohen Burgturm, dem Hinterturm. Einziges Manko ist das Fehlen von Läden, Gastronomie und Leben in der Oberstadt. Dies war auch, teilweise coronabeding. tim Dezember 2021 nicht viel besser. Trotzdem war der Besuch sehr beeindruckend, denn die Stadt war weihnachtlich beleuchtet und ein Stadtturm war mit Textilien, wie jedes Jahr zur Adventszeit, zur größten Weihnachtskerze der Welt verkleidet worden. Visuell ein einzigartiges Erlebnis, welches ich niemals vergessen werde.

Weltgrößte Weihnachtskerze in Schlitz im Dezember 2021

❖ Weilburg

Weilburg ist eine ehemalige Residenzstadt, die auf einem Bergsporn über der Lahn liegt und von einem riesigen Stadtschloss geprägt ist, welches weite Teile der Altstadt einnimmt. Die historische Innenstadt ist perfekt erhalten und wirkt wie aus einem Guss. Eine besondere Sehenswürdigkeit ist für mich der Weilburger Schiffstunnel, einzigartig in Deutschland. Ich komme hier nachts an und aus ihm scheint es gespenstisch grün. Unweit davon ein Eisenbahntunnel sowie ein Autotunnel. Zusammen bilden sie das Weilburger Tunnelensemble. Von dort erreicht man zu Fuß das stattliche Bahnhofsgebäude.

❖ Herborn

Herborn hat eine geschlossene Fachwerkaltstadt und wurde früher auch als Nassauisches Rothenburg bezeichnet. Neben Fachwerk prägen Schieferfassaden das Stadtbild, so das Rathaus mit seinem Natursteinsockel. Als ich im Bildungsbereich arbeite, erfahre ich, dass der aus Böhmen stammende bedeutende Pädagoge Jan Amos Comenius (1592-1670) in der ehemaligen Hohen Schule von Herborn 1611-1613 studiert hat. Heute weist eine Gedenktafel darauf hin. Als ich im Jahre 2011 in Herborn ankomme, fällt mir das schöne Empfangsgebäude des Bahnhofs auf.

Weitere Städte in den Top 100

❖ Runkel

Runkel sieht mit seiner alten steinerne Lahnbrücke und der Burgruine auf Bildern unglaublich pittoresk aus. Besucht man jedoch diese kleine Stadt, erkennt man, dass es, abgesehen von dieser wirklich sehenswerten Szenerie, doch sehr wenig zu sehen gibt. Die winzige Altstadt unterhalb der Burg könnte einen frischen Anstrich vertragen. Autos quälen sich durch enge Gassen, es fehlt an Aufenthaltsqualität. Selbst auf der schmalen steinernen Brücke fahren Autos. Am besten, man bleibt am östlichen Lahnufer und genießt den Blick auf Brücke und Burgruine. Oder man leiht sich ein Kanu und paddelt bis Limburg die Lahn runter.

Lahnbrücke in Runkel

❖ Schotten

Im Dezember 2021 besuche ich mehrere Städte im Vogelsbergkreis. Schotten gefällt mir dabei am besten. Sehr viele Fachwerkhäuser in allen Farben und Balkenanordnungen, eine sehenswerte Kirche und ein historisches Rathaus. Alles in recht gutem Sanierungszustand. Selbst Läden fehlen nicht.

Altstadt von Schotten

❖ Grünberg

Grünberg ist eine Kleinstadt in Mittelhessen mit sehr gut erhaltener Fachwerkaltstadt. Vor allem der Marktplatz zeigt ein geschlossenes Bild mit Fachwerkhäusern in allen Farben.

❖ Bad Camberg

Ein Kollege von mir wohnt in Bad Camberg, deshalb habe ich die Stadt bereits öfters besucht.
Hauptsehenswürdigkeit der Stadt ist der Amtshof, ein Fachwerkgebäude, ehemals Rentmeisterei und heute

Behördensitz. Der Camberger Marktplatz zeigt Fachwerkhäuser in verschiedenen Balkenfarben. Bad Camberg ist
Kurort, der älteste Kneippkurort Hessens. Insgesamt ist Bad
Camberg eine ruhige, nicht besonders dynamische Mittelstadt im Pendlereinzugsberiech sowohl von Wiesbaden als
auch von Frankfurt.

❖ Lich

Lich ist eine hübsche kleine Fachwerkstadt unweit von
Gießen. Bekannt ist die Stadt für die Licher Privatbrauerei
und das entsprechende Bier. Aber es gibt nicht nur
gemütliche Fachwerkstraßen, vor allem in der Oberstadt,
sondern sogar innenstadtnah ein richtiges Schloss. Lich eine
angenehme, behagliche Kleinstadt.

Andere Orte

Dillenburg

Dillenburg zeigt eine fast spektakuläre Topografie. Auf
einem Hügel über der Stadt die Dillenburg mit dem
markanten Wilhelmsturm. In der Innenstadt zahlreiche
Fachwerkhäuser, aber eine pittoreske Atmosphäre ergibt
sich irgendwie nicht. Seit dem Jahr 2017 trägt die Stadt die
Namenserweiterung Oranienstadt. Dillenburg war Stammsitz des oranischen Zweiges des Hauses Nassau. Der Vater
der Niederlande, Wilhelm von Oranien (1533-1584), kam
aus Dillenburg.

Romrod

Romrod ist eine winzige Stadt mit weniger als 3000
Einwohnern, in der Mitte Deutschlands gelegen, aber kaum
bekannt. Mitten im Ort ein faszinierendes burgenartiges

mittelalterliches Schloss, das heute ein Hotel und Tagungs-
zentrum beherbergt. Gegenüber der kleinen Stadtkirche, ein
paar Fachwerkhäuser und das war es auch schon mit
Romrod. Auf dem Hauptplatz fällt noch die Bronzestatue
eines röhrenden Hirsches auf, ein Zeichen, dass man sich
hier fast schon im ländlichen Raum befindet.

Schloss von Romrod

Hungen

Höhepunkt der Stadt Hungen ist das Schloss, welches heute
Wohnungen enthält. Der Marktplatz der Stadt mit dem
üblichen Brunnen, kleinem Rathaus und ein paar
Fachwerkhäusern, ist unspektakulär. Unweit des Platzes in
der Brauhofstraße ein ruhiges innerstädtisches Wohnviertel
mit sanierten Fachwerkhäusern.

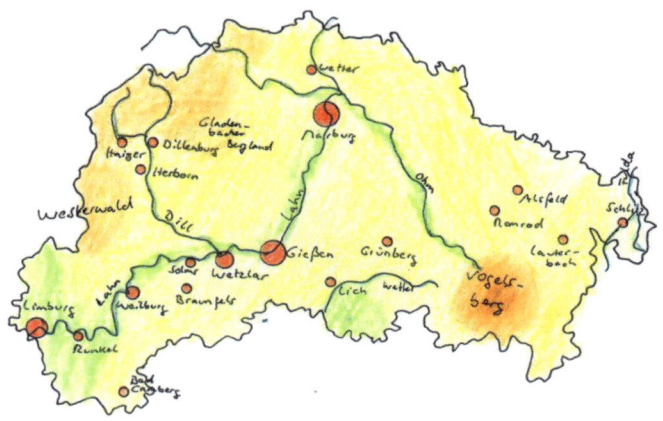

Handskizze RB Gießen

Besuchte Städte im RB Gießen: 22 von 42

Top Städte (Top 10 fett): Marburg, Gießen, Wetzlar, Alsfeld, Lauterbach (Hessen), Limburg/Lahn, Herborn, Weilburg, Braunfels, Schlitz, Schotten, Bad Camberg, Dillenburg, Grünberg, Lich.

Andere besuchte Orte:

Haiger, Hadamar, Hungen, Romrod, Runkel, Solms, Wetter.

1.3 Regierungsbezirk Kassel

Bisher habe ich 25 und damit fast die Hälfte der 52 Städte des Regierungsbezirks Kassel besucht. Der Bezirk ist reich an recht aufgeräumt und proper wirkenden kleinen Fachwerkstädten. Die einzige größere Stadt, die nord-hessische Metropole Kassel, einst eine reizvolle Fachwerkstadt, ist im Krieg stark zerstört worden und in der Nachkriegszeit etwas reizlos wieder aufgebaut worden und nur in Teilbereichen eine schöne Stadt. Überraschend sehenswert ist jedoch die osthessische Mittelstadt Fulda.

Am häufigsten besucht habe ich Kassel und Fulda, mehr als 10x war ich bisher in diesen Städten. Außer in Hünfeld und Bad Hersfeld war ich in den anderen Städten des Regierungsbezirkes erst ein einziges Mal.

Die zehn Städte, welche mich am meisten beeindruckten

❖ Kassel

Weil Kassel bedeutender Industrie- und Rüstungsstandort war, wurde es im Krieg mehrfach bombardiert. Die Schäden in der Innenstadt waren erheblich, 80% der Wohnhäuser wurden zerstört. Nach dem Krieg gab es keine Bemühungen, die verloren gegangenen Fachwerkhäuser wiederaufzubauen, vielmehr wurde eine autogerechte Stadt durchgesetzt, teilweise nach bereits in der Nazizeit bestehenden Plänen. In den Nachkriegsjahrzehnten galt Kassel deshalb als unwirtliche und ungemütliche Stadt. Auch heute noch ist man überrascht, wenn man alte Aufnahmen der Fachwerk-Innenstadt sieht, wie anders die Stadt früher ausgesehen hat. Von der residenzstädtischen Architektur ist jedoch mehr übriggeblieben, vor allem außerhalb der Innenstadt. Dazu gehören der Bergpark Wilhelmshöhe mit dem Herkules und das Schloss

Wilhelmshöhe. In der Karlsaue ist die Orangerie zu nennen Von der Innenstadt bietet sich zudem ein spektakulärer Blick über die nordhessische Landschaft. In den letzten Jahrzehnten sind zudem positive Architekturentwicklungen dazu gekommen, wie zum Beispiel der Wiederaufbau der Unterneustadt in moderner Form, die Documenta-Halle oder die Grimmwelt Kassel. Kassel ist heute vor allem mit Museen sehr gut ausgestattet. Und alle fünf Jahre gilt das alte Motto `ab nach Kassel', denn dann findet hier die documenta statt. 1997 wurde diese von der Pariserin Catherine David geleitet. David beschwerte sich einmal über die Provinzialität Kassels, die sich an Socken-Vitrinen eines Geschäftes in einer Straßenbahnunterführung zeigte. Als Protest gegen David wurde dann die *Sockumenta* ausgerufen (mit dem Logo einer durchgestrichenen Socke). Ich besuchte damals diese Unterführung, um mir das Sockenschaufenster anzusehen und musste feststellen, dass es in Kassel immerhin eine unterirdische Straßenbahn-haltestelle gab, sozusagen eine U-Bahn, das Merkmal einer wahren Metropole. In der Unterführung nicht nur Socken, sondern ein riesiges, von hinten beleuchtetes Foto des kanadischen Künstlers Jeff Wall (*1946). Dies war die erste documenta, die der Video- und Fotokunst breiten Raum einräumte.

❖ **Fulda**

Die osthessische Bischofs- und Barockstadt Fulda bietet ein überraschend vielfältiges und attraktives Stadtbild. Dazu gehören ein vieltürmiges Fachwerkrathaus, ein Barock-schloss und bedeutende Kirchen mehrerer Stilepochen. Auch die Topografie der Stadt, die auf sieben Hügeln liegt, ist interessant.

Nach einer Innenstadtbegehung kommt man zum Schluss, dass ein so gut erhaltenes historisches Stadtbild in Deutsch-land selten ist und mehr Touristen vertragen könnte.

❖ Hünfeld

Zweimal war ich im osthessischen Hünfeld. Das erste Mal, um bestellte Gerätschaften abzuholen, mit denen man Tassen bedrucken konnte. Das zweite Mal war ich gerade dabei, Kunstmuseen zu sammeln und wollte das vom Künstler Jürgen Blum (1933-2015) im ehemaligen Gaswerk der Stadt eingerichtete riesige *Museum Modern Art* besuchen. Das war dann auch sehr sehenswert, aber überraschenderweise gibt es in der Stadt im Konrad-Zuse-Museum noch mehr Kunst zu sehen. Konrad Zuse (1910-1995), der in Berlin geborene Computererfinder, hatte es nach dem Krieg nach Hünfeld verschlagen. Zuse war auch Künstler und hat über 500 Bilder gemalt. Wie kam Zuse auf Hünfeld, ich spekulierte, `Wo die Liebe Hünfeld´. Ich erinnerte mich, dass, als ich 1991-1993 an der ETH Zürich gearbeitet hatte, eine chinesische Kollegin erzählte, wie sie wenige Jahre zuvor an der ETH einen Vortrag von Zuse gehört hätte. Der sei aber schon recht alt gewesen.

❖ Homberg (Efze)

In Hessen gibt es zahlreiche Fachwerkstädtchen. An einem strahlenden Wintertag wurde ich jedoch einmal von der Fachwerkperfektion von Homberg an der Efze besonders geflasht. Die Stadt hatte ich gar nicht auf dem Radar und in der alten Quermania-Liste war sie nicht mal unter den schönsten Städten Hessens aufgelistet. Ich weiß nicht, wieso ich trotzdem hinfuhr, denn es gab nicht einmal einen Bahnhof. Ich sollte dies aber nicht bereuen und verbuchte die Stadt unter `Wow, hier ist´s aber schön´.

❖ Fritzlar

Im Norden Hessens, unweit von Kassel, findet sich eine besonders pittoreske Fachwerkstadt, Fritzlar. Der Markt-platz ragt in seiner Geschlossenheit und Originalität ein bisschen über andere kleine Fachwerkstädte hinaus. Seltsamerweise galt Fritzlar zeitweise auch als Mafiahochburg.

❖ Korbach

Korbach liegt in der Mitte Deutschlands, aber dennoch ein bisschen isoliert im Norden Hessens. Durch die solitäre Lage, den entsprechenden Einzugsbereich und das historische Erbe mit einer großen Fachwerkaltstadt, wirkt Korbach ein bisschen bedeutender, als es ist. Die Stadt hat auch von Wiedereröffnungen von stillgelegten Bahnstrecken profitiert. Im Oktober 1998 wurde die Strecke nach Kassel wiedereröffnet. Seit 2015 gibt es mit der Edertalbahn über Frankenberg wieder eine Verbindung nach Süden.

Dass man hier schon fast im Norden ist, zeigt sich am Status der Stadt als ehemaliger Hansestadt. Am Rathaus zudem, wie in Bremen, ein Roland, den man in anderen Städten in Hessen nicht findet. Als Geograf muss ich unbedingt nochmal nach Korbach reisen, um die Korbacher Spalte zu sehen, einer Erdspalte, wo bedeutende Fossilienfunde aus dem Oberperm gemacht wurden.

❖ Bad Hersfeld

Im Bad Hersfelder Stadtpark gibt es ein Denkmal das Konrad Duden und Konrad Zuse zeigt. Konrad Duden (1829-1911), der Autor des heute nach ihm benannten Rechtschreibwörterbuches, war 1876-1905 Direktor des Königlichen Gymnasiums von Hersfeld. Der Computererfinder Konrad Zuse (1910-1995) wurde in Berlin geboren lebte nach dem Krieg im hessischen Hünfeld, gründete in Neukirchen eine Computerfirma, deren Sitz er später nach Bad Hersfeld verlegte. Was mir in Bad Hersfeld sonst noch auffiel, war die Evangelische Stadtkirche und das zweigieblige Renaissancerathaus. Fachwerkhäuser gibt es auch etliche, aber sie bilden nicht ganz so pittoreske Ensembles, wie in kleineren hessischen Städten.

❖ Eschwege

Eschwege liegt nahe des geographischen Zentrums Deutschlands, doch lag die Stadt lange isoliert an der Zonengrenze. Diese Mittelstadt hatte lange nicht mal mehr einen direkten Bahnanschluss. Bahnstation war Eschwege West, mehrere km westlich des Zentrums. Im Dezember 2009 wurde die Bahnverbindung zum Zentrum wieder aktiviert und bald war der neue Stadtbahnhof Eschwege mit zahlreichen Preisen bedacht. Bei einem Besuch im Jahre 2015 erweist sich Eschwege als sehenswerte Mittelstadt, mit zahlreichen Fachwerkhäusern, einem Schloss und interessanten Partien an der Werra.

❖ Wanfried

Unweit von Eschwege liegt die kleine Werrafachwerkstadt Wanfried, bei deren Namen man an Richard Wagner denken muss (Wahnfried). Wanfried ist winzig, aber von historischer Geschlossenheit, kämpft mit Schrumpfung und versucht auswärtige Käufer für leerstehende Fachwerk-häuser zu finden, teilweise mit Erfolg. In Erinnerung bleibt mir das schöne Fachwerkrathaus und der kleine historische Werrahafen, an welchem ein historisches Segelschiff vertäut ist.

❖ Bad Arolsen

Bad Arolsen ist eine ehemalige Residenzstadt und war bis 1929 Hauptstadt des Freistaates Waldeck. Für so eine Kleinstadt verfügt es über ein recht großes Residenzschloss, die Hauptsehenswürdigkeit der Stadt, und zusätzlich gibt es ein Neues Schloss. Als ich im März 2013 die Stadt besuche macht sie auf mich einen ruhigen und behaglichen Eindruck.

Weitere Städte in den Top 100

❖ **Melsungen**

Vom Haltepunkt Melsungen-Bartenwetzerbrücke erreicht man über eine steinerne Brücke direkt die Altstadt. Bartenwetzer ist auch der Spitzname der Melsunger. Früher lebten viele Melsunger vom Holzeinschlag. Über die Brücke gingen sie jeden Morgen in den Wald. Die Barten (Axt, Beil) wetzten sie dabei auf dem weichen Sandstein der Brücke. Noch heute sind runde Einkerbungen als Spuren dieses Wetzens auf der Brücke zu sehen. Von der Bartenwetzer-Brücke ist man dann auch gleich in der fachwerksatten, aber auch fast ein bisschen engen und dusteren Altstadt. Die Kubatur des Rathauses mit seinen vier Ecktürmchen fällt auf. Durch den Hauptsitz der Braun AG ist Melsungen auch ein wichtiger Wirtschaftsstandort. Auch für die kalabresische Ndrangheta war dadurch, dass sich ein entsprechender Clan in der Stadt angesiedelt hatte, Melsungen lange einer der wichtigsten Stützpunkte in Deutschland. In den 1980er und 1990er Jahren galt Melsungen deshalb als Mafiahochburg.

❖ **Wolfhagen**

Wolfhagen ist ebenfalls eine aufgeräumte adrette Fachwerkstadt. Die Altstadt liegt auf einem Hügel. Ganz oben die Evangelische Stadtkirche und darunter das Rathaus was, mit anderen kleineren Fachwerkhäusern zusammmen einen interessanten, ansteigenden Stadtplatz bildet. Im Stadtwappen und am Brunnen ein Wolf, der sich ja auch im Namen der Stadt findet.

❖ Zierenberg

Zierenberg bleibt mir von einem Besuch im Jahr 2013 als sehr aufgeräumte, adrette Kleinstadt mit sehenswertem Fachwerkrathaus, etlichen gut sanierten Fachwerkhäusern und einem schönen Blick auf die Hügel des Habichtswaldes in Erinnerung.

Rathaus von Zierenberg

❖ Witzenhausen

Die nordhessische Stadt Witzenhausen ist als Zentrum eines wichtigen Kirschanbaugebietes bekannt. Fakultäten der Universität Kassel bringen studentisches und auch alternatives Leben in die Stadt. Außerdem sitzen hier verschiedene Verbände, die sich für den Erhalt von Nutztierrassen und Nutzpflanzenarten einsetzten. Als ich im Spätwinter 2013 in die Stadt komme, ist diese jedoch wenig belebt. Es gibt etliche schöne Fachwerkstraßen und ein imposantes Rathaus, doch im Sommer wirkt die Stadt sicher lebendiger und attraktiver.

❖ Rotenburg an der Fulda

Wie in Melsungen erreicht man die Altstadt Rotenburg vom Bahnhof kommend über eine Brücke. Die Fachwerkpartie am Fluss Fulda ist dabei das, was mir am stärksten von der Stadt in Erinnerung blieb. Viele Fachwerkhäuser in der gut erhaltenen historischen Altstadt, aber kein herausragender Platz und keine bedeutende Kirche, die in Erinnerung bleiben würde. Ok, es gibt ein Schloss am Fuldaufer, aber das ist nicht besonders auffällig. Geht man zurück Richtung Bahnhof, wird man auf einem Hügel einer riesigen Klinik gewahr, wichtigster Arbeitgeber der Stadt. Rotenburg ist mit anderen Rot(h)enburgs freundschaftlich verbunden. Rothenburg ob der Tauber ist natürlich viel bekannter als das hessische Rotenburg. Im Schwäbischen verbindet man mit Rotenburg die entsprechende Diözese und Stadt am Neckar.

❖ Battenberg

Battenberg ist eine winzige Kleinstadt in Nordwesthessen, die allerdings verschiedenen Dingen ihren Namen verliehen Zum einen dem gleichnamigen Adelsgeschlecht, zum anderen wohl damit zusammenhängend, dem wahrscheinlich von diesem in England eingeführten Battenbergkuchen, einem Biskuitkuchen, der beim Aufschneiden ein Vierfelder-Schachbrettmuster zeigt, und vor allem in Großbritannien gegessen wird. Davon wiederum leitet sich die Battenberg-Markierung von Rettungsfahrzeugen ab, die ebenfalls in Großbritannien zum Einsatz kommt. Die in England lebenden Teile des Adelsgeschlechts änderten im Ersten Weltkrieg ihren Namen zu Mountbatten, um den problematisch gewordenen Bezug zu Deutschland zu verbergen. Die Mutter von Prinz Philip, 2021 verstorbener Ehemann von Queen Elisabeth II war eine von Battenberg.

Von der auf einem Berg liegenden Oberstadt hat man einen prächtigen Ausblick auf das Edertal. Ansonsten ist die Altstadt arm an Läden und Gastronomiebetrieben. Durch die geringe Größe und schwierige Erreichbarkeit ist ihre Zentralität nur sehr gering.

❖ **Hofgeismar**

Hofgeismar ist eine überraschend hübsche Kleinstadt mit sehenswertem mittelalterlichem Rathaus und zahlreichen Fachwerkhäusern. Etliche Sehenswürdigkeiten sind jedoch über das Gemeindegebiet verstreut, so das Märchenschloss Sababurg, die Hugenottenkirche und der Urwald Sababurg. Von einem Besuch im Jahre 2013 blieb außer dem Rathaus erstaunlich wenig in Erinnerung.

❖ **Bad Karlshafen**

Als ich im Jahre 2013 den kleinen Kurort Bad Karlshafen besuche, ist der Anblick fast irritierend. Denn das Hafenbecken ist leer und fängt an zu verkrauten. Im Jahr 2017 begannen schließlich Bauarbeiten zur Sanierung des Hafenbeckens, welche 2019 abgeschlossen wurden. Seither ist das Becken wieder an die Weser angeschlossen. Außer dem Rathaus, in welchem ein Museum zur Geschichte der Stadt besucht werden konnte, schien es nur wenig Sehenswertes in dieser kleinen Stadt zu geben.

Im Jahr 2015 noch verkrautetes Hafenbecken.

Andere Orte

Gersfeld

Nach Gersfeld fuhr ich im Jahr 2015, um die Wasserkuppe, die höchste Erhebung Hessens (950 m), zu besuchen. Gersfeld selbst erweist sich als aufgeräumte, aber sehr kleine Stadt mit nur wenigen Geschäften und nur wenig Leben. Allerdings gibt es sogar ein Schloss mit Schlosspark und verschiedenen Nebengebäuden.

Bebra

Vor der Eröffnung der ICE-Schnellfahrtstrecke war Bebra ein wichtiger Eisenbahnknotenpunkt. Heinz Erhard meinte mal in einem 1950er Jahre Film: Was sie wollen nach Afrika? Da müssen sie aber noch in Bebra umsteigen. Mit dem Verlust der Eisenbahnknotenfunktion verloren nicht nur der Bahnhof, sondern auch die Stadt an Bedeutung. In Voreisenbahnzeiten war Bebra nur ein Dorf, erst spät wuchs es zur Stadt. Eine sehenswerte Altstadt gibt es deshalb nicht.

Besuchte Städte im RB Kassel: 25 von 52

Top Städte (Top 10 fett): Fulda, Kassel, Hünfeld, Korbach, Homberg (Efze), Fritzlar, Bad Hersfeld, Eschwege, Wanfried, Bad Arolsen, Bebra, Melsungen, Wolfhagen, Zierenberg, Witzenhausen, Rotenburg (Fulda), Battenberg, Hofgeismar, Bad Karlshafen, Gersfeld.

Andere Besuchte Orte:

Bad Sooden-Allendorf, Bad Wildungen, Baunatal, Frankenberg (Eder), Grebenstein, Immenhausen, Vellmar, (Willingen), Zierenberg.

45

2. Rheinland-Pfalz

Etwa zwei Drittel der 124 rheinland-pfälzischen Städte habe ich bereits besucht. Hier gibt es keine großen Metropolen und die größeren Städte, außer Trier, wurden im Krieg stark zerstört. Hier finden sich jedoch viele kleine pittoreske Fachwerkstädte, vor allem an Rhein und Mosel. Rheinland-Pfalz ist durch Flusstäler und Mittelgebirge geprägt. Viele Städte liegen hier sehr schön an Flüssen oder eingebettet zwischen Hügeln. Gleichzeitig beeinträchtigt der Verkehr, einschließlich eines lärmigen Schienengüterverkehrs, die Aufenthaltsqualität im engen Rheintal. In den größeren Städten gibt es recht gute Kunstmuseen.

Am häufigsten war ich in den Städten Trier (etwa zwanzigmal) Koblenz (mehr als dutzendmal) und in Mainz (etwa dutzendmal). Viermal und öfters habe ich Speyer, Neustadt an der Weinstraße und Kaiserslautern, dreimal war ich in Andernach, Bingen und Worms. Die anderen Städte habe ich lediglich ein oder zweimal besucht. Die Stadt, die ich in Rheinland-Pfalz am liebsten besuche, ist wahrscheinlich Mainz. Die Landeshauptstadt ist eine dynamische und wachsende Stadt und hier gibt es deshalb immer wieder Neues zu entdecken. Gern bin ich auch im schönen Trier, das städtebaulich aber eher stagniert. Koblenz ist durch das Deutsche Eck sehenswert und durch die Bundesgartenschau hat die Stadt neue Impulse bekommen. Kaiserslautern ist dagegen eine Stadt mit nur mäßigem Reiz.

Ex Bezirk	Städte	Besucht, %	Top 100	Weitere Orte
Mainz	47	33 (70%)	12	5
Trier	15	11 (73%)	5	2
Koblenz	62	41 (66%)	16	5
Rheinland-P.	**124**	**85** (66%)	**34**	**12**

2.1 Ehemaliger Regierungsbezirk Mainz

Die zehn Städte, welche mich am meisten beeindruckten

❖ Mainz

`Der Architekt, der Mainz gebaut, gehört verprügelt und verhaut´. Irgendwo habe ich das mal gelesen, finde aber die Quelle nicht mehr. Dabei ist Mainz ja gar nicht mal so schlecht. Im Krieg wurde die Innenstadt stark zerstört, aber der Dom steht noch und die alten Straßenzüge wurden wiederaufgebaut, wenn auch mit vielen Neubauten dazwischen. Mainz bleibt eben Mainz. Mainz und Wiesbaden sind Rivalen. Mainz wirkt lebendiger und urbaner als Wiesbaden. Für mich als Geograph ein Highlight: der im Fußgängerzonenpflaster markierte 50. Breitengrad, der durch die Innenstadt läuft. Mit Verwandten wundere ich mich einmal über die spektakuläre Architektur der neuen Synagoge. Eine bedeutende Architekturikone ist auch das von Arne Jacobsen entworfene Rathaus. Den besten Blick darauf und die Innenstadt hat man von Mainz-Kastel, also von Wiesbaden. Die einstigen rechtsrheinischen Mainzer Stadtteile Amöneburg, Kastel und Kostheim (AKK) kamen nach dem Krieg zu Wiesbaden.

❖ Speyer

Speyer hat diesen unglaublichen romanischen Dom, der auch auf der UNESCO-Liste des Weltkulturerbes verzeichnet ist. Für Kunstinteressierte gibt es noch einen weiteren Grund, hierher zu fahren. Im 19. Jahrhundert wurden in der Stadt gleich zwei bedeutende Maler geboren: Anselm Feuerbach (1829-1880) und Hans Purrmann (1880-1966). Die Geburtshäuser sind heute Museen für den jeweiligen Maler.
☞: Ex- Bundeskanzler Helmut Kohl (1930-2017) wurde in Ludwigshafen geboren und starb auch dort (in Oggers-

heim). Begraben ist er jedoch auf dem Alten Friedhof in seiner Lieblingsstadt Speyer.

❖ Neustadt an der Weinstraße

In Neustadt an der Weinstraße war ich mindestens schon ein halbes dutzendmal. Die Stadt begeistert durch ihre Lage am Fuß und in den Hängen des Pfälzer Waldes. Neben einer schönen Sandstein- und Fachwerkaltstadt gibt es ein Museum für den in dieser Stadt geborenen impressionistischen Maler Otto Dill. Die Eltern einer Kollegin setzen sich in Neustadt zur Ruhe, und wohnen heute nicht weit von diesem Museum.

❖ Kaiserslautern

Kaiserslautern wirkt anfangs eher fade. Man hat den Eindruck, durch eine im Krieg stark zerstörte und dann später in mittelmäßiger Weise wieder aufgebaute Stadt ohne große Höhepunkte, wie historische Kirchen und Schlösser, zu laufen. Vor allem vermisst man auch eine pittoreske Altstadt. Immerhin verfügt die Stadt über ein ordentliches Kulturangebot. Einmal komme ich extra her, um das Kunstmuseum Pfalzgalerie, welches in einem überraschend großen historischen Gebäude beheimatet ist, zu besuchen. Ein anders Mal sehe ich eine Oper im modernen, großzügigen Pfalztheater. Der Roman des aus Kaiserslautern stammenden Schriftstellers Christian Baron `Ein Mann seiner Klasse´ (2020) spielt hier.

❖ Worms

Worms gehört zu mehreren Städten, welche reklamieren, die älteste Deutschlands zu sein. Worms ist immerhin deutsches Mitglied im Arbeitskreis der ältesten Städte Europas und sieht sich dadurch offiziell im Status älteste Stadt Deutschlands bestätigt.

Der Wormser Dom gehört zu den bedeutendsten und schönsten romanischen Kirchen Deutschlands, findet sich aber, anders als der von Speyer, nicht auf der UNESCO-Welterbeliste. Abgesehen vom Dom, fehlt es der übrigen Stadt an Atmosphäre. Sie ist geprägt von nicht besonders schöner Wiederaufbauarchitektur, kombiniert mit wenig stimmigen provinziell wirkenden 1970er Jahre-Gebäuden. Einmal hatte ich einen aus Worms stammenden Kollegen, der ein Plakat mit Bildern aus der Stadt an seiner Büroaußentür hängen hatte. In großer Schrift stand *Worms* darüber. Ich meinte, die englischsprachigen Kollegen würden den Stadtnamen wohl nicht so besonders gut finden.

Bei einem Besuch der Stadt im Januar 2022 beeindruckt mich das an den Reichstag von 1521 in Worms erinnernde Lutherdenkmal,besonders auch ‚wie hier dem Protestantismus verpflichtete Städte und Territorien vertreten sind.

❖ Landau (Pfalz)

Landau ist eine behagliche größere Mittelstadt. Bei einem Besuch im Jahre 1991 gefällt mir die Stadt recht gut. Ein großer Rathausplatz, weitgehend historische Bebauung aus mehreren Epochen. Die Stadt scheint im Krieg weniger zerstört worden zu sein als andere Orte. Durch den Harald

Schmidt-Show Running Gag *die dicken Kinder von Landau*, der nach einem Fernsehbericht einer Karnevalssitzung für übergewichtige Kinder in Landau im Jahr 1995 entstand, assoziiere ich Landau mittlerweile jedoch immer mit dicken Kindern.

❖ Deidesheim

Deidesheim ist eine sehr kleine, aber auch sehr pittoreske Stadt. Man wähnt sich fast im Elsass. Das Rathaus ist ein origineller Bau aus dem 16. Jahrhundert, mit zwei Freitreppen und einem Überbau mit Zierfachwerk. Deidesheim gehört auf jeden Fall zu den schönsten Kleinstädten in Rheinland-Pfalz.

❖ Bad Dürkheim

Bei meinem bisher einzigen Besuch in Bad Dürkheim empfand ich die Stadt als behaglich. Besonders in Erinnerung blieb mir eigentlich nur das Dürkheimer Riesenfass, das größte Fass der Welt, welches ein Restaurant beherbergt, das wie eine Weinstube gestaltet ist. Das Fass wurde 1934 gebaut.

❖ Oppenheim

Positiv überrascht hat mich bei einem Besuch im Januar 2022 die kleine Stadt Oppenheim, mit ihrer Altstadt in den Hügeln über dem Rhein. Zuvor war ich in Worms und hatte dort das Luther Denkmal besucht, welches an den Wormser Reichstag von 1521 erinnert. Luther reiste von Worms mit Zwischenstopp in Oppenheim zurück nach Eisenach, deshalb weisen in Oppenheim mehrere Informationstafeln auf den Reformator hin. Luther besuchte auch die über der Stadt thronende gotische Katharinenkirche. Nach einer Teilzerstörung 1689 wurde diese in den folgenden

Jahrhunderten wieder aufgebaut, der rote Sandstein zeigt deutlich verschiedene Bauepochen. Hinter der Kirche mehrere imposante historische Villen. Am Marktplatz ein interessantes Rathaus mit doppeltem Treppengiebel. Um den Platz zahlreiche Fachwerkhäuser aus der Barockzeit. Auch an Türmen ist Oppenheim reich, darunter in der Unterstadt der schlanke gotische Uhrturm. Oppenheim ist so sehenswert und pittoresk, dass ich ein länger bleibe als zunächst geplant.

❖ Alzey

Nach Alzey kam ich mit hohen Erwartungen, den im Internet hatte ich vom guten Erhaltungszustand der schönen Altstadt gelesen. Ich fragte mich, ob ich es bei meinem geplanten Kurzaufenthalt auf das wohl auf einem Hügel gelegene Schloss schaffen würde. Die erste Überraschung: vom Bahnhof geht es steil hinunter zur Altstadt, statt hinauf. Am Rande der Altstadt, ein Denkmal für `den Denkmalschützer´, was ich so bisher noch nicht gesehen hatte. Gestiftet wurde es vom Altstadtverein und es zeigt einen Mann, der versucht eine Säule zu stützen. Die

51

Altstadt dann weniger historisch geschlossen und mit weniger Fachwerkhäusern als erwartet. Eigentlich eine durchschnittliche Stadt, was die Bausubstanz betrifft. Nur dass hier vielleicht mehr daraus gemacht wird. Kleinstadt-typisch Brunnen mit Bronzefiguren. Aber auch sonst überdurchschnittlich viele Bronzeskulpturen und Gedenk-tafeln. Ein richtiges Highlight dann das Schloss.

Denkmal für den Denkmalschützer, in Alzey

Text der Bodenplatte: *der denkmalschützer*

Stellvertretend für die Bürger, die sich für die Erhaltung des historischen Alzeyer Stadtbildes eingesetzt haben. Anläßlich des 25. Jubiläums, gestiftet vom Altstadtverein Alzey.

❖ Bingen

Bingen ist eine nicht allzu pittoreske Mittelstadt mit allerdings interessanter Lage am Zusammenfluss von Rhein und Nahe. In den letzten Jahren, vor allem nach der Landesgartenschau 2008, sind die Rheinanlagen zudem attraktiver geworden. Sie werden auch von der Skulpturentriennale genutzt, die sie zusätzlich aufwerten. Bei Bingen muss ich immer an die Mystikerin Hildegard von Bingen (1098-1179) denken. Aber in Bingen ist auch der Dichter Stefan George (1868-1933) geboren.

❖ Bad Bergzabern

In die kleine Kurstadt Bad Bergzabern fuhr ich einmal wegen eines Antiquariats (Willms), das überregional bekannt ist. In der Stadt fielen mir etliche hübsche Gebäude auf, so das Schloss Bergzabern, das Kloster und das Gasthaus zum Engel.

❖ Kusel

Blickt man vom Rathaus Kusel hinunter Richtung Stadtmuseum, erscheint die Altstadt in ihrer historischen Architektur sehenswert und geschlossen. Auch liegt Kusel schön in den Hügeln des Nordpfälzer Berglandes. Zudem ist Kusel der Geburtsort des Opernsängers Fritz Wunderlich (1930-1966), welcher in recht jungen Jahren an der Folge eines Treppensturzes starb. Im Stadtmuseum ist deshalb eine Wunderlich-Dauerausstellung zu sehen und ich nutze meinen Besuch im Januar 2022, dort eine Wunderlich-CD zu erwerben. In der Unterstadt markiert eine Tafel das Geburtshaus des Tenors. Kusel ist im innersten Kern hübsch, aber es ist auch ein Ort ohne große Zentralität, eine pulsierende Fußgängerzone mit interessanten Einkaufsmöglichkeiten fehlt in dieser Landstadt etwas.

Oberstadt von Kusel

❖ Zweibrücken

Zweibrücken liegt so nahe am Saarland, dass es diesem immer wieder fälschlicherweise zugerechnet wird. Zweibrücken liegt an zwei Flüssen und wurde im Krieg sehr stark zerstört, was man der von Nachkriegsarchitektur

geprägten Stadt ansieht. Es gibt immerhin ein wiederauf-
gebautes imposantes Schloss und einen repräsentativen
Stadtplatz mit Barockgebäuden. Überregional ist Zweibrücken wegen seines Outlet-Centers bekannt.

Andere Orte

Pirmasens

Die ehemalige Schuhstadt Pirmasens ist Inbegriff einer
westdeutschen Mittelstadt mit Strukturproblemen, also
einer *shrinking city*. Pirmasens fehlen architektonische
Highlights, es ist aber keine hässliche Stadt und nirgends im
Westen sind die Immobilien so preiswert. In Rheinland-
Pfalz sagt man dennoch, *will Gott einen bestrafen, schickt
er ihn nach Ludwigshafen. Bestraft er ihn ein zweites Mal,
schickt er ihn nach Frankenthal. Bestraft er ihn in
Permanenz, schickt er ihn nach Pirmasens.*

Ludwigshafen

Ludwigshafen gilt als eine der hässlichsten Städte
Deutschlands, hat aber fast schon wieder seinen
Gruselscharm mit dem riesigen Chemiewerk (BASF) und
den Hochstraßen. Immerhin hat man von hier, wo Ernst
Bloch (1885-1977) und Helmut Kohl geboren wurden, den
besten Blick auf Mannheim. Ein besuchenswertes
Kunstmuseum gibt es auch und schöne Wohnlagen am
Rhein. Helmut Kohl lebte lange in einem Bungalow im
Stadtteil Oggersheim. Ernst Bloch (1885-1977) bezeichnete
Ludwigshafen als *ehrlichen Fabrikschmutz, den man
gezwungen hat, Stadt zu werden.*

Haack Kunstmuseum in Ludwigshafen mit Miró-Fassade

☞: Unweit von Ludwigshafen das Dorf Kallstadt. Aus Kallstadt stammen die Vorfahren zweier wichtiger US-Familien: Heinz (Ketchup) und Trump. Ich gehe bei meinem Besuch zum unspektakulären Haus der Großeltern Donald Trumps. Niemand macht im Dorf Anstalten, daraus ein Museum zu machen.

Rockenhausen

Rockenhausen ist eine kleine, aber hübsche an der Alsenz im Nordpfälzer Bergland gelegene Stadt. Der Marktplatz mit der protestantischen Pfarrkirche und historischen Stadthäusern, manche davon mit Fachwerkfassaden, ist die gute Stube der Stadt. Eine auffallende Kirche am Innenstadtrand ist St. Sebastian mit ihrem wuchtigen Turm. Diese wurde 1915-17 im Heimatstil von Rudolf von Pérignon erbaut, der sich auch durch das Grabmal von Theoderich dem Großen in Ravenna inspirieren ließ.

Ingelheim

Einmal kam ich an einem Wintertag am Spätnachmittag in Ingelheim am Rhein an und konnte auf dem Weg vom Bahnhof ins Stadtzentrum einfach nichts Sehenswertes entdecken. Dabei handelt es sich um eine alte Stadt, hier gibt es eine Kaiserpfalz von Karl dem Großen. Das historische Stadtzentrum hatte ich wohl verpasst und ich muss Ingelheim einfach eine zweite Chance geben.

Landstuhl

In Landstuhl fällt die Präsenz einer großen amerikanischen Militärbasis (Ramstein) in der Nähe der Stadt gleich in der Bahnhofstraße auf, mit Dienstleistungen, darunter Rotlichtbars, Tatoostudios und Zahnkliniken, und Läden, welche US-Militärpersonal als Kunden haben. Ansonsten hat Landstuhl die Anmutung einer eher durchschnittlichen, aber landschaftlich schön gelegenen Kleinstadt. Ein Rundgang im Januar 2022 zeigt jedoch einzelne interessante Sehenswürdigkeiten, so die Sickinger Würfel im Zentrum, Reste eines Grabes aus dem 2. Jahrhundert. Weil der Reichsritter Franz von Sickingen (1481-1523) in der Burg der Stadt, heute eine Ruine, gestorben ist, nennt sich Landstuhl Sickingenstadt. An einem Hang oberhalb der Altstadt liegt beeindruckend das Hotel Kurvilla Sickingen. Unterhalb des Hotels ein kleines Altstadtviertel mit engen Gassen. Fachwerkhäuser gibt es in Landstuhl jedoch nur wenige, eine belebte Fußgängerzone fehlt in der von Autostraßen geprägten Stadt zudem.

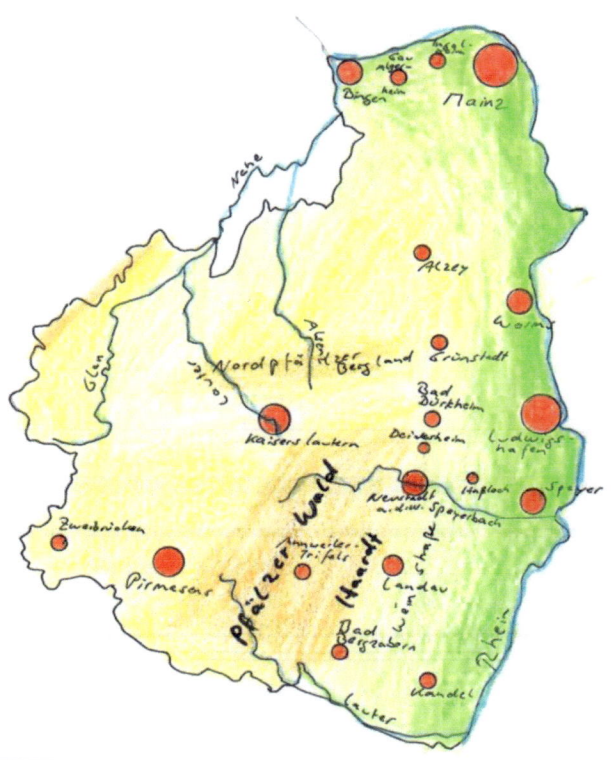

Besuchte Städte im ex RB Mainz: 33 (von 47)

Top Städte: Mainz, Speyer, Worms, Neustadt, Kaiserslautern, Bad Dürkheim, Landau, Deidesheim, Bad Bergzabern, Alzey, Oppenheim, Bingen.

<u>Andere Besuchte Orte:</u>
Annweiler am Trifels, Edenkoben, Frankenthal, Freinsheim, Gau-Algesheim, Germersheim, Grünstadt, (Haßloch), Ingelheim a. Rhein, Kandel, Kusel, Lambrecht, Landstuhl, Ludwigshafen, (Mutterstadt), Nierstein, Osthofen, Pirmasens, Ramstein, Rockenhausen, Schifferstadt, Wachenheim an der Weinstraße, Wörth am Rhein.

2.2 Region Trier

Die 5 Städte, welche mich am meisten beeindruckt haben

❖ Trier

Verschiedene Orte nehmen den Titel *älteste Stadt Deutschlands* in Anspruch. In Rheinland-Pfalz sind das gleich drei: Trier, Worms und Andernach. Trier war auf jeden Fall einst die bedeutendste Stadt auf dem heutigen Gebiet Deutschlands. Zur Römerzeit galt Trier als *Roma Segunda*, als Zweites Rom und größte Stadt nördlich der Alpen. Ein Stadtmodell im Landesmuseum zeigt eindrucksvoll die Ausdehnung der Stadt zur damaligen Zeit. Auch die Porta Nigra, das schwarze Tor, gibt noch Zeugnis von der einstigen Größe Triers. In Trier fehlen ein bisschen die modernen Impulse, auch im Verkehrsbereich. Kommt man im Bahnhof an, wundert man sich, wie klein und provinziell dieser wirkt, während der entsprechende Bahnhof im nahen Luxemburg Stadt durch die wachsenden Pendlerströme permanent erweitert wird und mittlerweile viel großstädtischer wirkt. Bis 2001 war Trier eine der wenigen Orte mit innerstädtischer Seilbahn. Ich konnte die Seilbahn noch im Jahr 2000 nutzen. Doch die Technik war in die Jahre gekommen. Bei einem Reaktivierungsversuch im Jahr 2004 stürzte ein Arbeiter ab und starb. Darauf wurde das Projekt aufgegeben und die Anlagen später abgebaut. Der 1960er Bau des Trierer Theaters ist ebenfalls in die Jahre gekommen und sogar eine Schließung stand im Raum. Vorerst konnte sie aber abgewendet werden. 2018, zum 200. Geburtstag von Karl Marx (am 5. Mai 1818 in Trier geboren), kam jedoch eine Sehenswürdigkeit dazu. Eine mit Sockel 5.5 m hohe Marx Statue, gestiftet von der Volksrepublik China. Die war ein bisschen größer, als ursprünglich erwartet und es gab auch Proteste wegen der Aufstellung. Die fünf Ecken des Sockels verweisen auf fünf Städte, die im Leben von Marx eine wichtige Rolle spielten: Trier, Berlin, Hamburg (oder Brüssel), Paris, London. Heute spielt Trier leider nicht auf Augenhöhe mit diesen Metropolen.

❖ Bernkastel-Kues

Pittoresker als Traben-Trarbach oder Cochem ist Bernkastel-Kues, vor allem durch den Stadtteil Bernkastel, vielleicht die schönste Moselstadt. Viele verwinkelte schiefe Fachwerkhäuser, gelegentlich eine Putz- oder Sandsteinfassade. Die Idylle wäre perfekt, wenn der Ortskern direkt an der Mosel läge. Von der Mosel ist die Altstadt jedoch durch ein breites Band von Straßen und Parkplätzen getrennt. Mit dem Zug ist Bernkastel-Kues leider auch nicht erreichbar.

❖ Bitburg

Bitburg ist mit 15 000 Einwohnern nur eine Kleinstadt, aber dennoch eine kleine Regionalmetropole im Bitburger Land am Südrand der Eifel, da außer Trier keine konkurrierenden Städte in der Nähe sind. Die zentrale Lage in Europa, die Nähe zum boomenden Luxemburg und die Umwandlung von Militär- in Gewerbeflächen sorgt für eine gewisse für die Region überdurchschnittliche Dynamik. Kommt man in der Innenstadt an, ist man überrascht eine Römermauer zu finden. Trier war unter den Römern die wichtigste Stadt nördlich der Alpen, ein Roma Segunda, ein zweites Rom. Die Porta Nigra in Trier gibt davon noch Zeugnis. Ein Tagesmarsch von Trier entfernt bot sich der Standort Bitburg als Zwischenstation auf dem Weg nach Köln an. Einst an einer wichtigen Verbindungslinie liegend ist Bitburg heute jedoch bahnmäßig schlecht erreichbar, denn die Eifelbahn folgt weitgehen dem Tal der Kyll, die Innenstadt liegt jedoch auf der Höhe, etwa 6 km vom

Talbahnhof Bitburg-Erdorf entfernt. Auch deshalb war ich erst ein einziges Mal hier, im November 2020. Es war bereits recht kühl und unweit des Rathauses und der Römermauer fiel ein weiteres Wahrzeichen und bekanntestes Unternehmen der Stadt auf: die Bitburger Brauerei (` Bitte ein Bit´).

❖ Traben-Trarbach

Ich bin im Jahr 2015 wegen dem Buddha-Museum mal nach Traben-Trarbach gefahren. Außer diesem mit Buddha-Figuren vollgestellten, in einer ehemaligen Weinkellerei beheimateten Museum, blieb mir noch das markante historistische Brückentor in Erinnerung. Ansonsten ist das beiderseits der Mosel gelegene Traben-Trarbach eine angenehme, aber unspektakuläre Stadt.

❖ Saarburg

Was die Stadt Saarburg besonders macht, ist ein Wasserfall mitten in der Stadt, was ein ungewöhnliches, sehr pittoreskes Bild ergibt. In der Oberstadt ist der Bach Leuk gestaut, hier finden sich Restaurantplätze am Wasser, die an Straßburg erinnern. Hat man Saarburg besucht, wird man die Stadt nicht so schnell vergessen.

Andere Orte

Prüm

Die kleine Eifelstadt Prüm (5000 Einwohner) wurde in den 1940er Jahren gleich zweimal zerstört. 1944 wurde die Stadt durch Bombenangriffe im Rahmen der Ardennenoffensive zu 80% zerstört. Im Juli 1949 explodierte ein Munitionslager in einem Stollen unter dem Kalvarienberg und die durch die Gegend geschleuderten Steinbrocken zerstörten viele der gerade wieder aufgebauten Gebäude.

Noch heute ist die Stadt von einfacher Wiederaufbauarchitektur geprägt. Die dominierende Sehenswürdigkeit ist die Abtei Prüm mit der St. Salvator Basilika. 2017 geriet Prüm in die Wirtschaftsnachrichten als Tesla das in Prüm beheimatete Maschinenbauunternehmen Grohmann übernahm.

Kyllburg

Die winzige Stadt Kyllburg (920 Einwohner, zweitkleinste von Rheinland-Pfalz) sieht wegen ihrer bewegten Topografie von der Ferne sehr beeindruckend aus. Sogar einen Bahnhof gibt es. Geht man die Oberstadt hinauf, fehlt es jedoch an Leben und Einzelhandel und von der in Privatbesitz befindlichen Kyllburg ist auch nicht so viel zu sehen.

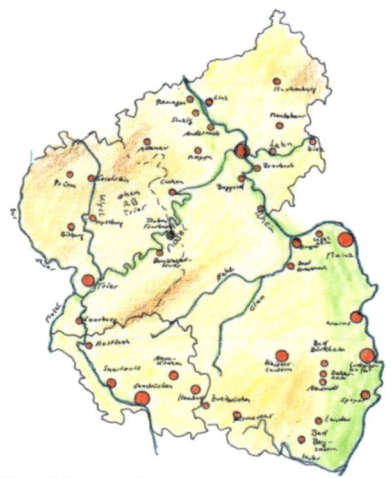

Handskizze ehemaliger RB Trier (Grenze gestrichelt)

Besuchte Städte im ex RB Trier: 11 (von 15)

<u>**Top Städte (Top 5 fett)**</u>**: Trier, Saarburg, Bernkastel-Kues, Bitburg, Traben-Trarbach,** Prüm.

<u>**Andere besuchte Orte:**</u> Gerolstein, Hillesheim, Konz, Kyllburg, Schweich.

2.3 Ehemaliger Regierungsbezirk Koblenz

<u>Top 10 Städte</u>

❖ Koblenz

Koblenz mochte ich anfangs nicht so. Der schöne Haupt-bahnhof ist weit von der Innenstadt entfernt und die Fuß-gängerzone ist architektonisch wenig erbaulich. Etliche Autoschneisen trüben das Stadterlebnis. Doch dann gibt es noch die Rheinpromenade und den Zusammenfluss von Rhein und Mosel, das Deutsche Eck, mit monumentaler Reiterstatue. Auf der anderen Seite des Rheins die heute per Seilbahn erreichbare Festung Ehrenbreitstein. Dazu ein imposantes Schloss, mehrere Kunstmuseen und sogar ein Opernhaus. Insgesamt also doch einiges zu sehen.

Herbst an der Rheinpromenade

❖ Montabaur

Ich bin sehr oft mit dem ICE von Köln Richtung Frankfurt unterwegs. Manchmal hält der Zug in Montabaur, meistens fährt er jedoch durch. Vom Zug aus sieht man jedoch das auf einem Hügel liegende Schloss. Man bemerkt auch, dass sich die Pendlerparkplätze immer mehr füllen und dass auf der Stadtseite ein Gewerbegebiet wächst. Der rheinland-pfälzische Ministerpräsident Bernhard Vogel hat diesen Halt einst durchgesetzt, damit dieses Bundesland auch von der sie querenden ICE-Schnellstrecke profitiert. Anfangs nutzen hier nur wenige den Bahnhof, aber die Zahlen steigen seit Jahren. Montabaur bietet attraktive Pendelzeiten sowohl nach Frankfurt als auch nach Köln. Die Internet-firma 1&1 sitzt zudem in dieser Kleinstadt, welche nach dem Mons Tabor der Bibel benannt wurde. Im Mai 2021 steige ich hier um und bin ganz angetan von der frischen Dynamik des Bahnhofsplatzes und Brücken über die grünen Bachauen Richtung Altstadt und Schlossberg.

Schusterstadt Montabaur, Bahnhofsgegend

❖ Bad Ems

Bad Ems ist eine schön an der Lahn gelegene Kurstadt mit weniger als 10 000 Einwohnern. Die Stadt ist winzig, aber dennoch gibt es hier einen Bahnhof mit Bahnsteighalle, prächtige Kurbauten an einer schönen Promenade, ein-schließlich einem Spielcasino und ein Kurhaus. Eine Standseilbahn gibt es hier auch und zudem eine russisch-orthodoxe Kirche. Selbst das Statistische Landesamt von Rheinland-Pfalz sitzt in Bad Ems.

❖ Andernach

Andernach hat mehrere besondere Sehenswürdigkeiten. Zum einen, unweit vom Bahnhof, das Geburtshaus des deutsch-amerikanischen Schriftstellers Charles Bukowski (1920-1994). Etwas Besonderes ist auch der größte Kaltwassergeysir der Welt. Das entsprechende Geysir-Museum wirkt jedoch eher provinziell. Die Stadtmauer ist wiederum beeindruckend und dass dort im Zuge des Konzepts *essbare Stadt Andernach* zahlreiche seltene Nutz-pflanzen zu finden sind. Schilder ermutigen einen sogar, von Beeren zu naschen. An einer Passage in der Nähe des Bahnhofs sieht man wie amerikanische Soldaten die Entfer-nung zu ihren Heimatorten in Basaltplatten geritzt haben.

❖ Remagen

Remagen hat eine wunderschöne Lage am Rhein. Von der Terrasse im alten Bahnhofsgebäude, wo heute das Kunst-museum Arp untergebracht ist, sieht man auf Fluss und Sie-bengebirge und fühlt sich in einer Art Rheinischem Nizza.

❖ Monreal

Monreal ist keine Stadt, sondern ein Dorf, gilt aber mit den pittoresken Fachwerkhäusern entlang des Elzbaches und der Ruine der Löwenburg immerhin als schönstes Dorf der Eifel. Im Jahr 2004 war Monreal sogar Sieger (Goldmedaille) des Bundeswettbewerbs `Unser Dorf soll schöner werden´. Sogar mit der Bahn ist der Ort erreichbar, was ich im Mai 2014 nutze, um von Andernach hierher zu reisen. Hier stimmt einfach alles.

Monreal mit Elzbach und Löwenburg

❖ Bad Neuenahr-Ahrweiler

Die sehenswerte Doppelstadt Bad Neuenahr-Ahrweiler hat zwei Ortskerne. In Ahrweiler eine mittelalterliche Innenstadt mit Fachwerkhäusern, in Bad Neuenahr repräsentative

Kurarchitektur. Allerdings sehen Architekten den Abriss von Kurarchitektur aus den 1950er Jahren sehr kritisch.

❖ Sinzig

Sinzig besuche ich aus Versehen zweimal. Als ich im Jahr 2014 rheinländische Städte sammle, hatte ich übersehen, dass ich hier schon einmal war. Aber die Barbarossastadt lohnt mit dem Schloss, dem Zehnthof, der romanischen Kirche und dem klassizistischen Rathaus an einem Platz auf einer Anhöhe sowieso einen Besuch.

❖ Bacharach

Bacharach ist eine sehr kleine (weniger als 2000 Einwohner), aber pittoreske Stadt mit etlichen schönen Fachwerkhäusern. Auffallend auch die spätromanische St. Peter Kirche und die vielen Türme. Was die Idylle wie in anderen Rheinstädten etwas trübt, ist die Bahnlinie zwischen Stadt und Rhein und die vielen Güterzüge, die dort verkehren. Zusätzlich tragen Binnenschiffe zur Verlärmung des Rheintales bei. Bei Bacharach muss man an den gleichnamigen amerikanischen Popkomponisten denken.

❖ Boppard

Als ich im Juli 2021 bei einer Rheinlandstädtetour in Boppard den Zug wechseln muss, habe ich noch etwas Zeit, die Stadt anzuschauen. Erste positive Überraschung: der kompakte Bahnhof mit seinem angenehmen Vorplatz. Dort steht ein Denkmal für den in Siegburg geborenen Komponisten Engelbert Humperdinck (1854-1921), dessen Oper Hänsel und Gretel heute noch oft gespielt wird und der um 1900 vier Jahre in Boppard lebte. Vom Bahnhof ist man schnell in der Altstadt und ich freue mich, dass es hier, anderes als in den vorher besuchten kleineren Rheinstädten, eine belebte Fußgängerzone gibt. Positiv wirkt sich auch aus, dass die Bahn nicht direkt am Rhein verläuft, sondern auf der rheinabgewandten Seite der Stadt. So ist Boppard weniger durch Schienen vom Rhein getrennt als mancher kleinere Ort. Die belebte Rheinpromenade mit ihren Schiffsanlegestellen kann von der Altstadt und vom Bahnhof schnell erreicht werden. Boppard ist eine sehr alte auf eine keltische Siedlung zurückgehende Stadt. Auch die Römer haben hier ihre Spuren hinterlassen. Das wird auch an der der spätromanischen St. Severus-Kirche im Zentrum deutlich, die auf den Fundamenten eines römischen Militärbades errichtet wurde. Bereits im 6. Jahrhundert stand hier eine frühchristliche Kirche. Bei meinem Besuch im Juli 2021 bin ich von der Stadt so angetan, dass ich sie in die Top-100 aufnehme. Von Boppard nehme ich die Hunsrückbahn nach Emmelshausen, einer kleinen Stadt, in der es eigentlich nichts zu sehen gibt. Die Bahnfahrt auf einer der steilsten Adhäsionsbahnen Deutschlands ist jedoch ein besonderes Erlebnis.

❖ Mayen

In der Vulkaneifelstadt Mayen fallen die vielen Schieferdächer auf. Markant ist auch das Rathaus mit seiner weißen Putzfassade und den bunten Fensterläden.

❖ Hachenburg

Hachenburg ist eine in den Höhen des Westerwaldes gelegene, durch Topografie, Schloss und Fachwerkhäuser attraktive kleine Stadt. Im April 2013 besuche ich die Stadt und nehme mir vor, im Sommer wieder zu kommen und mehr Zeit mitzubringen. Bisher ist das nicht geschehen, denn Hachenburg hat zwar einen Bahnhof, liegt aber an einer schwach frequentierten Nebenstrecke und ist von größeren Städten mit öffentlichen Verkehrsmitteln nur umständlich zu erreichen.

Weitere Städte in den Top-100

❖ Oberwesel

Oberwesel ist eine sehr kleine, direkt am Rhein gelegene Stadt (2800 Einwohner). Was mich hier am meisten beeindruckt ist die Stadtmauer, welche die Altstadt fast vollständig umgibt. Der westliche Teil in den Hängen kann nicht begangen werden, aber man kann daran entlangwandern, und blickt dabei auf die Stadt herunter, sieht interessante alte Türme und im Hintergrund das beeindruckende Rheintal. Auf der Rheinseite lässt sich die Stadtmauer begehen. Man kann durch Türme hindurchgehen und sieht auf die unmittelbar neben der Mauer verlaufende Trasse der Rheintalbahn und auf den Rhein mit seinen Güter- und Fahrgastschiffen. Oberwesel hat zudem noch ein sehenswertes Rathaus aus dem 19. Jahrhundert mit steinsichtiger Fassade und Schieferdach. Daran schließ sich ein Marktplatz mit mehreren Fachwerkhäusern an. Unweit vom Bahnhof steht die Liebfrauenkirche, die zu den bedeutendsten gotischen Kirchen des Rheinlandes zählt.

Stadtmauerweg

❖ Braubach

Braubach ist mit seiner Top-Sehenswürdigkeit Marksburg, zu der ich im Jahre 2015 hochwandere, eine der hübscheren rechtsrheinischen Kleinstädte. Auffällig ist in der Altstadt ein uriges Fachwerkhaus, die Bauernschänke Eck-Fritz.

❖ Cochem

Cochem ist ein leicht angegrautes Mosel-Touristen-städtchen, in welchem überproportional älteres Publikum und auch viel Holländer zu finden sind. Hauptsehens-würdigkeit ist die historistische Reichsburg Cochem die, jahrhundertelang Ruine, von 1868-1877 im neogotischen Stil wiederaufgebaut wurde.

❖ Bad Kreuznach

Bisher war ich erst ein einziges Mal in Bad Kreuznach. Das Einzige, was mir in Erinnerung blieb ist die alte Nahe-brücke mit den Brückenhäusern aus dem 15. Jahrhundert. So etwas gibt es sonst nur in wenigen Städten, man kennt es von Florenz oder Erfurt. An der Nahe zudem ein `Klein-Venedig-Viertel.

❖ Linz

Linz, die einzige Stadt, welche gleichzeitig an Rhein und Donau liegt, scherzte ich einmal. Das rheinische Linz ist dabei jedoch weniger als ein dreißigstel so groß wie die Hauptstadt von Oberösterreich. Linz nennt sich auch *Bunte Stadt am Rhein* und zeigt tatsächlich ein buntes, Fassaden-bild mit zahlreichen Fachwerkhäusern, mehreren Stadt-türmen und einem Renaissance-Rathaus. Seit Anfang des 20. Jahrhunderts wurde, um dem Tourismus Rheinromantik zu bieten, dabei nicht nur Fachwerk freigelegt, es wurden auch Burgen wieder aufgebaut.

Andere Orte

St. Goar

St. Goar ist eine recht kleine, am linken Rheinufer gelegene Stadt, welche man leicht mit dem gegenüber liegenden St. Goarshausen verwechseln kann. Sie hat einen urigen historischen Bahnhof, eine kompakte Altstadt mit Fachwerkhäusern und einer direkten Lage am Rhein, wirkt aber zwischen Fluss und Schienen auch etwas eingeklemmt.

Idar-Oberstein

Von der lokalen Bevölkerung eher unterstützt, aber zum Entsetzen vieler auswärtiger Stadtplaner und Architekturfreunde, wurde in der Schmuckstadt Idar-Oberstein von 1980-86 der Fluss Nahe im Ortsteil Oberstein durch eine vierspurige Bundesstraße überbaut. Spötter nannten die Stadt daraufhin *Idar-Oberbeton* und verliehen ihr den ersten Platz im Wettbewerb um die konsequenteste Verschandelung eines historischen Stadtbildes. Doch auch die sonstige Architektur löst keine Begeisterung aus. Im Stadtteil Idar verschandelt das brutalistische Hochhaus der Diamant- und Edelsteinbörse zudem das Stadtbild. Einzig mäßig interessante Sehenswürdigkeit scheint die Felsenkirche zu sein. Von hier blicke ich bei meinem Besuch im Jahr auf eine landschaftlich schön gelegene Stadt, deren Stadtbild aber enttäuschend ist.

Felsenkirche in Idar-Oberstein

71

Diez

Fährt man mit dem Zug von Limburg nach Koblenz, sieht man schon bald die Stadt Diez an der Lahn mit der auffälligen Burg mit weißer Putzfassade und dickem schieferbedeckten Turm und den vier Ecktürmchen. Man ist angeregt, auszusteigen und sich das mal anzuschauen, was ich im Sommer 2012 dann auch spontan mache. Allerdings stellte sich Diez als eine dieser Kleinstädte heraus, deren Zentrum schon deutlich vom Niedergang des örtlichen Einzelhandels geprägt ist. Auch viele Fassaden sehen aus, als könnten sie einen neuen Anstrich gebrauchen. Diez einer dieser Städte, die von der Ferne am besten aussehen.

Nassau

Die Burg Nassau ist Stammburg des Grafengeschlechts der Nassauer, welches noch heute in den Niederlanden und Luxemburg regiert. Abgesehen von der Burg gibt es in der im Krieg stark zerstörten Stadt relativ wenige Sehenswürdigkeiten. Immerhin verbinden sich mit der Stadt zwei Sprachlegenden. Zum einen der Ausdruck Nassauer für eine Person die sich ohne Arbeit aushalten lässt. Angeblich hatten Studenten aus dem Herzogtum Nassau, wo es keine Universität gab, aufgrund eines Vertrages mit dem Königreich Hannover an der Universität Göttingen einen Freitisch, sie konnten bei Göttinger Vertragswirten kostenlos essen. Nassauer Studenten, die das nicht nutzen, gaben die Privilegien weiter, so dass sich der Ausdruck nassauern etablierte. Wohl eine Legende. Die zweite Legende bezieht sich auf den Stadtteil Scheuern, mit der Stiftung Scheuern für Menschen mit geistiger Behinderung. Daraus soll sich angeblich der Ausdruck *bescheuert* ableiten.

Rhens

Der erste Eindruck von Rhens, wenn man mit der Bahn ankommt, ist gut, denn man läuft direkt auf einen eindrucksvollen Stadtmauerturm zu. Und von dort ist man gleich am beschaulichen Rheinufer. Dann dauert es jedoch länger als etwa in Oberwesel, bis man von der Stadtmauer am zentralen Platz ist. Das Fachwerkrathaus mit seinen roten Balken ist wunderschön. Unweit davon jedoch Fachwerkhäuser in weniger gutem Zustand. Anders als in Oberwesel kann man hier nicht auf der Stadtmauer spazieren und an der Hangseite der Stadt auch nicht die Mauer entlang gehen. Dort sieht man vielmehr eine Hochstraße, welche das Panorama eintrübt. Eine Gaststätte, die zum wichtigen Fachwerkgebäude Deutsches Haus an der Stadtmauer gehört, ist verwaist. Mit dem Tourismus scheint es hier nicht so gut zu laufen, wie in anderen Rheinorten.

Stadtmauer und Rathaus von Rhens

Besuchte Städte im ex RB Koblenz: 41 von 62

<u>Top Städte</u>: **Koblenz, Montabaur, Andernach, Boppard, Bad Ems, Bad Neuenahr-Ahrweiler, Remagen, Monreal, Sinzig, Mayen,** Hachenburg, Braubach, Linz am Rhein Oberwesel.

<u>**Andere Besuchte Orte:**</u>
Bacharach, Bad Breisig, Bad Hönningen, Bad Sobernheim, Betzdorf, Diez, Emmelshausen, Höhr-Grenzhausen, Idar-Oberstein, Kaiseresch, Kirchen (Sieg), Lahnstein, Mendig, Mülheim-Kärlich, Nassau, Neuwied, Ransbach-Baumbach, Rhens, Simmern, St. Goar, St. Goarshausen, Unkel, Vallendar, Weißenthurm, Wirges, Wissen.

3. Saarland

Das Saarland ist mit etwa 2500 km^2 so klein, dass es in den Medien oft als Maßeinheit für Umweltkatastrophen herhalten muss (z.B. `Ölteppich so groß wie das Saarland´). Auch mit seiner Bevölkerungszahl von einer Million bietet es eine runde Bezugsgröße. Dies passt auch zum Motto des Landes `Großes entsteht im Kleinen´. Auffallend ist, wie viele deutsche Spitzenpolitiker aus dem Saarland kommen (z.B. Altmaier, Maas, Kramp-Karrenbauer, in der DDR stammte Erich Honecker aus dem Saarland).

Als ich im Jahr 2014 las, dass es im Saarland nur 17 Städte gibt, beschloss ich, die mir noch fehlenden 8 Städte zu besuchen. Im Frühjahr 2015 konnte ich dann endlich reklamieren, alle saarländischen Städte gesehen zu haben. Dabei wunderte sich eine saarländische Lokalpatriotin, dass es überhaupt so viele Städte im Saarland gibt.

2015 von mir gepostete Skizze aller besuchten Städte des Landes.

Von den 17 saarländischen Städten war ich am häufigsten in Saarbrücken, vielleicht fast 20 x schon. In Völklingen war ich bisher viermal. In Homburg dreimal und in Merzig und Saarlouis jeweils zweimal, Die anderen saarländischen Städte habe ich erst einmal besucht. Keine saarländische Stadt hat mich bisher begeistert, aber Saarbrücken finde ich ok, Ottweiler ganz nett und Völklingen gruselig interessant.

5 Städte, welche mich am meisten beeindruckt haben

❖ Saarbrücken

Ins Saarland kam ich zum ersten Mal im Oktober 1989. Da fand der Deutsche Geographentag in Saarbrücken statt. Ich fand die Stadt eher lässig und attraktiv. Mir gefiel vor allem der neue Park an der Saar. Es gibt Versuche, die Attraktivität weiter zu erhöhen, zum Beispiel durch das Projekt *Stadtmitte am Fluss*. Die Aufwertung der Berliner Promenade an der Saar mit neuen Treppenzugängen war ein erster Schritt. Ein weiterer Schritt wäre die Tieferlegung der innerstädtischen Autobahn an der Saar, doch dies ist ein langwieriges und teures Projekt, für welches zurzeit jedoch das Geld fehlt. Interessanterweise liegt das heutige Stadtzentrum, inklusive Hauptbahnhof, in der bis 1909 selbstständigen Stadt St. Johann. Am St. Johanner Markt findet das Nachtleben statt. Unweit davon ein Opernhaus und ein Museum für moderne Kunst. Alt-Saarbrücken, wo auch das Schloss liegt, ist heute ein eher beschauliches Nebenzentrum.

Ludwigsplatz in Alt-Saarbrücken

❖ Neunkirchen

In den 1980er Jahren wurde Neunkirchen in den Medien mehr erwähnt als heute, denn der DDR-Staatsratsvorsitzende Erich Honecker war dort geboren. Als Udo Lindenberg ein Video zum Song *Sonderzug nach Pankow* drehte, welcher sich an Honecker richtete, wählte man dafür den Hauptbahnhof von Saarbrücken aus. In den 1980er Jahren durchlief Neunkirchen einen heftigen Strukturwandel von einer durch Bergbau und Stahlwerke gekennzeichneten Hüttenstadt zu einer Einkaufsstadt. Am zentralen Stumm-Platz wurde direkt vor ein stillgelegtes Stahlwerk ein Einkaufszentrum platziert. Dass in einer Innenstadt rostige Stahlwerke in den Himmel ragen, ist ein gewöhnungsbedürftiger, aber interessanter Anblick.

❖ Ottweiler

Wenn man fragt, ob es im Saarland auch schöne Städte gäbe, wird meist Ottweiler genannt. Anders als in den anderen saarländischen Städten gibt es hier eine mittelalterlich geprägte Altstadt mit Fachwerkhäusern, Türmchen und sogar Resten einer Stadtmauer.

❖ Saarlouis

Eine lässige Stadt mit hoher Lebensqualität ist Saarlouis, eine von den Franzosen 1680 gegründete Festungsstadt mit Sechseckgrundriss. Im Dritten Reich klang sie den Machthabern zu französisch. Sie tauften die Stadt deshalb 1936 in Saarlautern um.

❖ Homburg

Homburg wird ab und zu mit Bad Homburg verwechselt, manchmal auch mit Hamburg. Homburg ist drittgrößte Stadt des Saarlandes, Einkaufsstadt und mit dem Sitz der Medizinischen Fakultät der Universität des Saarlandes auch

Universitätsstadt. Die Altstadt ist von spätbarocken und historistischen Stilelementen geprägt und architektonisch eher unauffällig. Auf dem Weg vom Bahnhof fallen mir die Bronzefiguren des Freiheitsbrunnens auf, die an das Hambacher Fest 1832 und dessen in Homburg wirkenden Initiatoren Wirth und Siebenpfeiffer erinnern.

Weitere Städte in den Top 100

❖ **St. Ingbert**

Von einem Besuch in St. Ingbert im Herbst 2012 blieb mir eine recht behagliche Fußgängerzone mit schönen traufständigen Gebäuden unterschiedlicher Höhe sowie die neogotische St. Josefskirche mit ihrer rötlichen Sandsteinfassade in Erinnerung.

❖ **Blieskastel**

Blieskastel ist mit seiner geschlossenen barocken Stadtanlage eine der schönsten Städte des Saarlandes. Nur wenige Gebäude ragen allerdings aus dem einheitlichen Stadtbild der einstigen Residenzstadt etwas heraus. Dazu gehören eine Schlosskirche und die Reste einer Schlossanlage. Im Zweiten Weltkrieg blieb Blieskastel unzerstört. In Blieskastel geht alles seinen gemächlichen Gang. Seit 2012 ist die Stadt Mitglied der *Cittaslow*-Bewegung.

Andere Orte

St. Wendel

Die erste saarländische Stadt außer der Landeshauptstadt Saarbrücken, die mir in den Medien begegnete, war St. Wendel. Am 24. Januar 1985 wurde der saarländische Ministerpräsident Werner Zeyer von Papst Johannes Paul II. zu einer Audienz empfangen. Der Papst fragte ´Sie kommen aus Saarbrücken´? Darauf korrigierte Zeyer `Nein, aus St. Wendel´. Diese Anekdote hatte ich als Geograph nie so richtig verstanden, denn warum soll man nicht genau sein? Vielleicht sollte man auch den Papst nicht korrigieren.

Völklingen

Oft findet sich Völklingen mit seiner dystopischen Ansammlung von Kraftwerken und Stahlhütten auf der Liste der hässlichsten Städte Deutschlands. Andererseits liegt in der Industriekultur auch eine bizarre Schönheit, das Stahlwerk von Völklingen findet sich mittlerweile auf der UNESCO-Liste des Weltkulturerbes und ist zu einem wichtigen Kultur-Veranstaltungsort geworden. Wenn man aus dem Bahnhof tritt, muss man angesichts der städtebau-lichen Verhältnisse Völklingens allerdings erstmals schlucken und selbst wenn man Richtung Fußgängerzone geht, wird es nur mäßig besser.

Stahlwerk von Völklingen

Die restlichen Städte sind außerhalb des Saarlandes eher unbekannt. Merzig ist manchen wegen der nahen Saarschleife ein Begriff, Dillingen wegen der Dillinger Hütte. Nur wenige kennen jedoch Orte wie Püttlingen, Wadern oder Sulzbach.

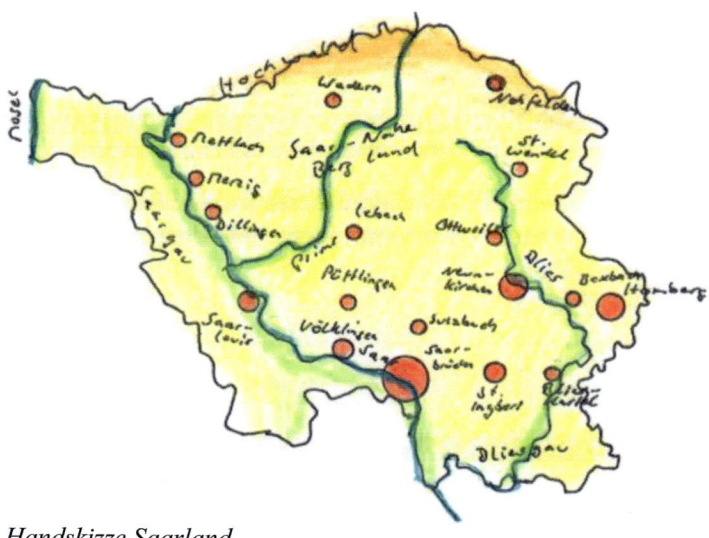

Handskizze Saarland

Besuchte Städte im Saarland: 17 (alle)

Top Städte (Top 5 fett)
Saarbrücken, Neunkirchen, Ottweiler, Saarlouis, Homburg (Saar), St. Ingbert, Blieskastel.

Andere besuchte Orte
St. Wendel, Buxbach, Merzig, Dillingen, Friedrichsthal, Lebach, Püttlingen, Sulzbach/Saar, Völklingen, Wadern.

Anhang

Stadtmauer von Andernach

1. Von mir besuchte Städte und Gemeinden nach Bundesländern

Region	Besichtigte Städte (+ andere Orte)	Gesamtzahl der Städte	% gesehen
Berlin Brandenburg	69 (+4)	114	61
Mecklenburg-Vorpommern	37 (+4)	84	44
Sachsen-Anhalt	41	104	40
Thüringen	34	118	29
Sachsen	46	169	27
Hamburg Schleswig-Holstein	29	64	45
Bremen	2	2	100
Niedersachsen	133 (+2)	159	84
NRW	272 (+2)	272	100
Hessen	109	190	58
Rheinland-Pfalz	85 (+1)	124	66
Saarland	17	17	100
Baden-Württemberg	173 (+7)	312	55
Bayern	186 (+21)	313	59
Deutschland	1222 (+41)	2042	60

2. Top 100 Städte der 3 Bundesländer

Region	Top 10	Andere Top 100
Darmstadt (25)	Frankfurt, Idstein, Wiesbaden, Darmstadt, Büdingen, Bad Homburg, Gelnhausen, Heppenheim Michelstadt, Rüdesheim	Oberursel, Offenbach, Kronberg, Hirschhorn, Bad Orb, Erbach, Steinau, Seligenstadt, Eltville, Geisenheim, Butzbach, Bad Nauheim, Friedberg, Dreieich (-Buchschlag), Groß-Umstadt
Gießen (15)	Gießen, Marburg, Wetzlar, Limburg. Alsfeld, Schlitz, Weilburg, Braunfels, Herborn, Lauterbach	Grünberg, Bad Camberg, Lich, Runkel, Schotten
Kassel (18)	Kassel, Fulda, Hünfeld, Korbach, Homberg (Efze), Fritzlar, Bad Hersfeld, Eschwege, Wanfried, Bad Arolsen	Melsungen, Wolfhagen, Zierenberg, Witzenhausen, Rotenburg/Fulda, Battenberg, Hofgeismar, Bad Karlshafen
Mainz (14)	Mainz, Speyer, Neustadt, Worms, Bacharach, Landau, Deidesheim, Oppenheim, Alzey, Bad Bergzabern,	Bingen, Kaiserslautern, Kusel, Zweibrücken
Trier (5)	Top 5: Trier, Bitburg, Bernkastel-Kues, Saarburg, Traben-Trarbach	
Koblenz (16)	Koblenz, Montabaur, Bad Ems, Bad Kreuznach, Monreal, Andernach, Cochem, Bad Neuenahr-Ahrweiler, Mayen, Boppard	Hachenburg, Braubach, Linz, Oberwesel, Remagen, Sinzig
Saarland (7)	Top 5: Saarbrücken, Saarlouis, Ottweiler, Homburg, Neunkirchen	St. Ingbert, Baesweiler

Weitere im Buch dargestellten Städte (insgesamt 25): Darmstadt 4, Gießen 3, Kassel 4, Mainz 2, Trier 2, Koblenz 6, Saarland 1.

3. Quermania-Abstimmung der schönsten Städte von Hessen

1. Wetzlar	12446
2. Fulda	4513
3. Eschwege	4414
4. Bad Homburg	913
5. Alsfeld	607
6. Limburg an der Lahn	575
7. Fritzlar	573
7. Herborn	564
9. Marburg	236
10. Kassel	209
11. Frankfurt	72
12.Wiesbaden	66
13. Wanfried	64
14. Homberg (Efze)	56
15. Bad Hersfeld	47
14. Seligenstadt	39
17. Weilburg	38
18. Rotenburg an der Fulda	34
19. Büdingen, Melsungen	33
21. Gelnhausen	26
22. Rüdesheim, Erbach	24
24. Braunfels	23
25. Butzbach, Michelstadt	17
27. Hirschhorn	14
28. Grünberg	13
29. Hanau, Bad Sooden-Allendorf	12
31. Schlitz	9
32. Lindenfels, Bad Wildungen, Eltville	8
35. Bensheim	7
36. Bad Camberg, Korbach	4
38. Steinau (Straße), Lich	3
40. Groß-Umstadt	2
41. Neckarsteinach	1

Quelle: www.quermania.de (Mai 2021)

4. Quermania-Abstimmung der schönsten Städte von Rheinland-Pfalz

1. Worms   267
2. Trier   250
3. Speyer   94
4. Bernkastel-Kues   79
5. Koblenz   36
6. Bad Kreuznach   34
7. Cochem   34
7. Bacharach   34
9. Mainz   23
10. Bad Neuenahr-Ahrweiler   21
11. Idar-Oberstein   16
12. Freinsheim   15
13. Diez   12
14. Bingen   10
14. Deidesheim   10
14. Neustadt an der Weinstraße   10
17. Meisenheim am Glan   5
18. Annweiler am Trifels   4
18. Unkel   4
18. Wachenheim   4
18. Kirchheimbolanden   4
22. Boppard   3
22. Linz am Rhein   3
22. Bad Bergzabern   3
22. Oberwesel   3
26. Saarburg   1

Weitere aufgelistete sehenswerte Städte (ohne Stimmen):
Ingelheim, Neuerburg, Edenkoben
Quelle: www.quermania.de (April 2021)

5. Quermania-Liste sehenswerte Städte im Saarland
(Stimmen unter Ausflugszielen)

Saarbrücken (8)
Ottweiler (2)
Blieskastel

Quelle: www.quermania.de (Mai 2021)

6. Städte der Region mit über 100 000 Einwohnern

Stadt	Fläche	Einwohnerzahl (1000)		
	Km²	2010	2019	2020
Frankfurt	248	680	763	764
Wiesbaden	204	276	278	279
Mainz	98	199	219	217
Kassel	107	195	202	201
Saarbrücken	167	176	180	179
Ludwigshafen	77	164	172	173
Darmstadt	122	144	160	159
Offenbach	45	120	130	131
Koblenz	105	106	114	113
Trier	117	105	112	111
Kaiserslautern	140	99.2	100.0	99.7
(Hanau)	76	87	97	98.9
Gießen	73	79	90	89.1

Quelle: Wikipedia

7. Städte im Südwesten mit Fußballbundesligavereinen
(Saison 2021/22)

Stadt	1. Bundesliga	2. Bundesliga	3. Liga
Frankfurt	x		
Wiesbaden			x
Mainz	x		
Kassel			
Saarbrücken			x
Ludwigshafen			
Darmstadt		x	
Kaiserslautern			x

8. Städte im Südwesten mit besonderen Verkehrsmitteln

Stadt	U/Stadt-bahn	Straßen-bahn	Standseil bahn	Seilbahn
Frankfurt	x	x		
Wiesbaden			x	
Mainz		x		
Kassel		x		
Saarbrücken		x		
Ludwigshafen		x		
Darmstadt		x		
Offenbach		x		
Koblenz				x

9. UNESCO-Welterbestätten

Kassel: Bergpark Wilhelmshöhe
Fossillagerstätte Grube Messel
Völklinger Hütte
Kloster Lorsch
Trier: Römische Baudenkmäler, Dom, Liebfrauenkirche
Speyer: Dom

Weitere Bücher des Autors zu Städten (Siehe www.bod.de)

Weg ist das Ziel
Wie ich tausendundeine Stadt in Deutschland besuchte
Books on Demand, Norderstedt 2020

Butterseelenallein
100 Städte in Baden-Württemberg und im Elsass, welche man kennen sollte
Books on Demand, Norderstedt 2021

Tief im Westen
100 Städte in Nordrhein-Westfalen, welche man kennen sollte
Books on Demand, Norderstedt 2022

Nordlichter
100 Städte in Norddeutschland, welche man kennen sollte
Books on Demand, Norderstedt 2022

Zeitzeeing
100 Städte in Mittel- und Ostdeutschland, welche man kennen sollte
Books on Demand, Norderstedt 2021

Weiß-Blaue Schatzkästlein
100 Städte in Bayern, welche man kennen sollte
Books on Demand, Norderstedt 2022

Puppenstube und Frittenbude
100 Städte in den Beneluxländern, welche man kennen sollte
Books on Demand, Norderstedt 2022